用冠军技术重新定义力量训练

野蛮力量

POWER
TO THE
PEOPLE
PROFESSIONAL

[美] 帕维尔·塔索林◎著　曹　洁◎译

北京科学技术出版社

著作权合同登记号 图字：01-2017-8597

图书在版编目（CIP）数据

野蛮力量 /（美）帕维尔·塔索林著；曹洁译. —北京：北京
科学技术出版社，2021.6
　书名原文：Power To The People Professional
　ISBN 978-7-5714-1190-9

　Ⅰ.①野… Ⅱ.①帕… ②曹… Ⅲ.①力量举－力量训练－教材 Ⅳ.①G884.32

中国版本图书馆CIP数据核字（2020）第260728号

策划编辑：刘　超		邮　　编：	100035	
责任编辑：刘　超		电　　话：	0086-10-66135495（总编室）	
营销编辑：蔡　瑞			0086-10-66113227（发行部）	
责任校对：贾　荣		网　　址：	www.bkydw.cn	
责任印制：李　茗		印　　刷：	三河市国新印装有限公司	
图文制作：天露霖文化		开　　本：	720mm×1000mm　1/16	
封面制作：异一设计		字　　数：	260千字	
出 版 人：曾庆宇		印　　张：	12.25	
出版发行：北京科学技术出版社		版　　次：	2021年6月第1版	
社　　址：北京西直门南大街16号		印　　次：	2021年6月第1次印刷	
ISBN 978-7-5714-1190-9				

定　　价： 69.80元

作者简介

帕维尔是运动大师、苏联特种部队的体能训练教官，现为美国海军海豹突击队、美国海军陆战队以及美国特勤局的训练和主题专家。

帕维尔著有《赋予大众力量》《徒手斗士》和《壶铃训练全书》等一系列力量训练的畅销书。越来越多的精英运动员及教练员采用他开创的"低门槛–高收益"的训练方法并取得巨大成功，其中包括终极格斗锦标赛（UFC）明星乔·洛宗（Joe Lauzon）、前女子200米短跑世界纪录保持者阿利森·菲利克斯（Allyson Felix），以及有史以来最强的力量举运动员唐尼·汤普森（Donnie Thompson）。

2001年，帕维尔与龙门出版社联手，将壶铃和俄式壶铃挑战（RKC）训练课程引入西方，并陆续出版了壶铃训练三部曲，建立了这个领域的黄金标准，被业内人士誉为"现代壶玲之王"。

2009年，他被《滚石》（Rolling Stone）杂志评选为"年度热门教练"，被《真理》（Pravda）以及《福克斯新闻》（Fox News）等媒体争相报道。他和他的著作"改变了美国的运动面貌"。

前　言

很久以前，我就致力于探寻到达力量举世界之巅的方法。当时我觉得自己很成功。然后我遇到了帕维尔，我的训练思维获得了巨大的飞跃，我的职业生涯亦是如此。我叫马尔茨·巴特利（Marc Bartley）。在过去的10年里，我一直从事力量举，训练专业运动员和大众健身者，写作，并运用我所获得的知识、技能和实践经验，寻求超越人类极限的境界，并在此过程中与所有志同道合之人切磋共勉。

话题回到帕维尔这里。我是2005年在阿诺德传统赛（Arnold Classic）的世界力量举协会（World Powerlifting Organization，简称WPO）超级总决赛上遇见帕维尔的。我漫步在展区，来到了龙门出版社的展位。我开始与帕维尔探讨硬拉，并聊到我非常担心自己的抓握力不够，可能无法令我在第二天的比赛中拉起必需的重量。他教给我很多实用的技巧，甚至在第二天来到后台帮助我为硬拉比赛做准备。

那天发生了两件大事：一是我总得分为2463，在重量级选手中排名第二；二是我被邀请参加下一期的RKC认证培训。当时，我只是觉得，参加RKC是提高技术水平、学习一些新技能的有效途径（这就是壶铃训练的魅力）。结果是，周末我从帕维尔那里学到的东西比我在过去几年时间里学到的还要多。他帮助我梳理了仅凭感觉制订的、大杂烩式的训练计划，随着时间的推移，我的训练计划变得井然有序。通过他的无偿指导，仅仅用了1年时间，我就将力量举的总成绩提高了100磅（45.4千克）。我成为当时世界上深蹲重量超过1100磅（498.9千克）的少数精英之一。这一切都源于一次相遇！

两年后，帕维尔邀请我到明尼苏达，再次参加RKC认证培训。我在2006年的深蹲重量多次高达1124磅（509.8千克），取得成绩的同时也让我累积了不少伤病，导致2007年股四头肌严重撕裂。在康复期间，帕维尔创作的简讯和文章不断激励我去面对新的挑战。

当时我的体重达到了有史以来最高的303磅（137.4千克），我决定减重。我的身高是5英尺8英寸（172.7厘米），我认为235磅（106.6千克）的体重比较理想。我采用了帕维尔研究设计的一个训练计划。这个训练计划与我的力量水平十分匹配，通过搭配碳水化合物循环饮食方案，我的体脂开始减少。最后，我减掉了109磅（49.4千克）体重，并参加了一次健美秀！

如果没有帕维尔提供的针对性训练方案，我的减重目标很难达成。不仅股四头肌肌腱和肩部受损的辅助神经得以恢复和痊愈,而且我的肌肉和力量水平也得以保留。

现在,我的目标是在较轻的重量级取得好成绩。这次我会采用模块训练计划达成目标。这种训练方法最初由东欧国家设计、实践并逐步完善。帕维尔对这种训练方法非常精通,我相信他会像过去一样,为我的训练提供巨大助力。我希望你喜欢这本书提供的知识。也许其中的某个计划或某项技术会帮助你更上层楼。祝你好运!

RKC学员马尔茨·巴特利

照片由 RKC 学员马尔茨·巴特利友情提供

引 言

苏联非常重视保密工作。在军队中，士兵不允许携带任何纸张进入"特殊课程"课堂。他们会拿着笔记本在中尉那里签字，由中尉把笔记本存入保险箱。笔记本的每页都有编号，以确保没有撕下任何一块纸片。为了防止狡猾的间谍用新纸张替换某些页面，每个笔记本上都打有一个洞，穿入一根细绳，并用封条固定。在装有铁窗的房间里上完课后，笔记本交回中尉处，中尉会再次检查书页是否有破损，签字后把它们再次锁起来。

力量训练界也拥有这样的秘密。有些知识是只适用于精英运动员的。如果你试图指责我有意把普通大众拒之门外，使其无法进入世界上最强壮男人的专有俱乐部，还请认真考虑以下情况。

一个初学者潜心研究马蒂·加拉赫（Marty Gallagher）和鲍里斯·谢科（Boris Sheyko）的训练方法。加拉赫建议，在一项重要赛事之后，即使不需要1个月，也要在接下来的几周停止力量训练。谢科则告诫训练者赛后第二天就要回归健身房，以免丢失力量。谁才是对的？

初学者对此感到无比困惑。结论是，没有人确切地知道哪种做法正确。力量训练是与营养学一样模糊的学科，你只需要"找到适合自己的方法"，这就是破解上述死局的秘诀。"如果把谢科的训练计划与加拉赫的短期停训结合起来呢？"

经验匮乏的力量训练师缺少"健全的思维"，无法被先进训练技术和方法的惊人效果所吸引。一位长期从事训练的举重运动员会认识到，在他自己的训练系统中，加拉赫和谢科都是正确的。20世纪60年代，一项德国研究发现，停训的反应速率取决于训练频率。训练频率越高，停止训练时停训的反应速率就越快，反之就会越慢。加拉赫建议每周训练1次硬拉，谢科则建议每周训练4次硬拉。很显然，美国人消除条件反射

的速度比俄罗斯人慢得多，因此两种建议都是有道理的。一个经验丰富的力量举运动员会弄清楚，或者至少可以意识到，每个国家队教练在制订特定的训练方案时都必须有充分的理由。

一个强壮的人知道正确的训练方式不止一种，训练中存在很多"如果"和"然而"。他不会因为最新的炫酷健身方案而偏离自己的训练计划。他会阅读、思考、做一些计算，并将他的理解同自己的训练日志进行比较。如果新的方案令其印象深刻，他可能会考虑在休赛期完整尝试整个计划，或者在目前使用的健身计划中小心地增加一个变量。初学者往往会盲目追赶许多兔子，结果却一只也抓不到。

本书是一本高级举重训练技术的集合，汇集了很多训练"秘诀"，既令人兴奋，又不可避免地存在矛盾。这本书包含了我之前在《大众力量月报》(Power to the People Monthly Newsletter)撰写的大部分文章的内容，除去一些只涉及中级训练以及与力量举无关的文章，此外，我还加入了为其他一些力量举出版物撰写的几篇文章。有些文章直接介绍了一些俄罗斯人的做法，另外一些则是我在多年研究和测试的基础上原创的内容。我的参考资料来源广泛，包括在俄罗斯首屈一指的力量举出版物《米尔·斯里》(Mir Sili)和《热列兹尼·米尔》(Zhelezniy Mir)、举重和神经科学的教科书和研究论文，以及与精英举重运动员、教练和科学家的私人交流。你会了解，没有所谓的"俄罗斯体系"。俄罗斯跨越12个时区，拥有各种各样的运动训练理念，它的训练体系只有一个共同点，那就是它们能够孕育力量。

如果你是一名精英举重运动员，请深入学习本书，它可以为你增加数百磅的总成绩。如果你是一名初学者，有句俄罗斯俗语作为建议十分恰当——"在阅读之前请先行动起来"。

TOP SECRET

RUSSIA

RUSSIA

BURN BEFORE READING

目　录

第一章　总纲

第二章　深蹲

第三章　卧推

第四章 硬拉

第一章

总纲

从背部受伤到1014磅（459.9千克）的硬拉成绩：瓦伦丁·迪库尔（Valentil Dikul）的力量秘诀

尤里·弗拉索夫（Yuri Vlasov）说道："你的身体可以从任何状况中恢复。意志无极限，困境非绝境。"瓦伦丁·迪库尔配得上这句名言。

瓦伦丁·迪库尔年轻时就迷上了举重运动。他把邻里的孩子们组织起来，在地下室建立了一个"勇气角"训练举重。与他的伙伴相比，迪库尔是一个硬汉。他从未放弃，他的力量最终达到了与其职业精神匹配的高度。

迪库尔年少成名，并被马戏团聘为空中体操运动员。在人们看来，他前程似锦。直到有一天，因为一个金属结构断裂，迪库尔从40英尺（12.2米）的高空跌落在马戏团的地板上……

由于脊柱压缩性骨折和双腿瘫痪，他知道，美好的生活结束了。年轻的迪库尔在医院住了1年多，在接受了多次复杂的手术后，他仍然是一名只能坐在轮椅上的残疾人。"我们已经尽力了，"医生说，"你不得不坐轮椅，认命吧。"

但他拒绝认命，他要把健康掌握在自己手中。他的盟友是解剖学教科书、壶铃、橡皮筋、哑铃、杠铃和铅球。为了战胜剧烈的背部伤痛，他坐在轮椅上将壶铃举过头顶，从一只手抛到另一只手。后来他有了朋友，开始是一个，然后是两个，他们爬上他的肩膀，他则为其提供支撑。他进行电刺激，用2倍于推荐值的电流刺激肌肉。为了康复，迪库尔独树一帜地使用线缆配重系统。他用线缆作为配重解放瘫痪的双腿。他称之为"逆向竞技体操"。迪库尔回忆道："我不得不忍受剧烈的疼痛。有时我甚至感觉自己在淌血。但我深知我已一无所有，我必须有意识地锻炼自己，让身体经历最残酷的折磨……我为自己负全责。"

迪库尔对自己毫不留情。有时他会训练到筋疲力尽，因为没有力气爬上轮椅便在地板上睡着了。

两年的血泪史之后，奇迹发生了，这个男人迈出了成功的第一步！苏联理疗领域的资深医生V.韦利琴科（V. Velitchenko）评论道："我们的身体拥有强大的复原力和巨大的潜力储备。一个人穷其一生可能都用不到一半的储备。瓦伦丁·迪库尔拥有钢铁

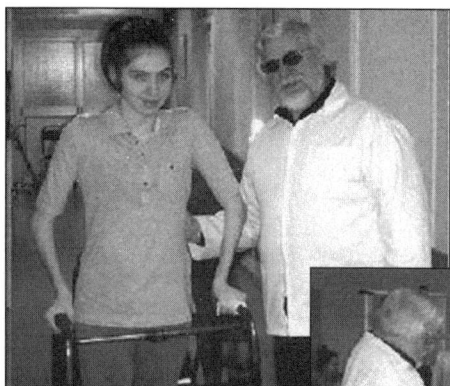

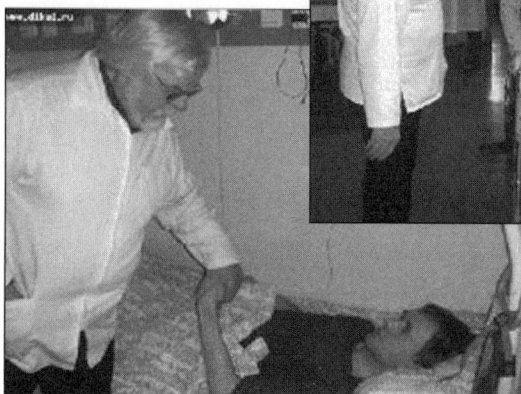

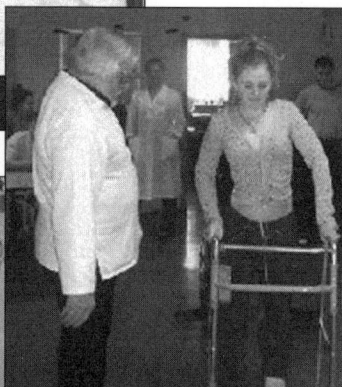

般的意志和出色的生理准备，他成功地调动了体内的潜力储备，战胜了病魔，赢得了这场战争。"综合迪库尔的表现，信念同样是重要的影响因素。

对一个普通人来说，能够再次正常走路已经是天大的恩赐了，但对迪库尔来说，这远远不够。他决心回到马戏团！或许他不能再成为"飞人"，但他可以成为一名"力量魔术师"——俄罗斯人口中的马戏团强者。在"被迫"停止运动期间，迪库尔拒绝"患者"的称呼！"我的手已经与金属部分融为一体，我习惯并爱上了它。毕竟，是它救了我……"

成为一名普通的强者无法满足这位拥有钢铁意志的人。他必须是最强的。他玩起了空前绝后的特技。迪库尔同时耍弄7个30千克重的炮弹，在肩膀上以螺旋形的轨迹滚动它们，抛掷70千克的壶铃，并把一个沉重的老式铸铁杠铃风车般地围绕身体舞动。

迪库尔可以在做出摔跤桥式动作时用膝盖支撑一个440千克的杠铃，并让四个助手站在他的大腿上，再在肚子上压上一个80千克的壶铃，同时伸直手臂举起另一个杠铃，还有一位助理压在杠铃上以维持平衡。

他举起了一匹马；他让一辆沃尔沃小轿车开到了他用肩膀撑起的平台上；他随手将一枚铜币（与25美分硬币尺寸相当）折弯，交给了采访他的记者。为了激励自己，迪库尔参加举重比赛，并迅速以抓举重量157.5千克和挺举重量207千克、体重113千克的成绩荣获运动大师称号。

这位俄罗斯强人不断地测试他的训练，把自己推向极限。他的训练可以持续4小时，训练量达到惊人的76

照片由瓦伦丁·迪库尔友情提供

吨或167000磅（75750千克）！

迪库尔解释说："我认为下面的练习是发展最大力量的基础。它们包括卧推、后深蹲与前深蹲、坐姿哑铃推举，还有几种其他练习。为了使自己习惯于使用大重量训练，我在训练方案中为少数几种练习安排了最大重量的训练组。我必须战胜自己，必须完成这些举重。这种训练非常危险，使用的重量非常大，但我用它们来治愈自己，我不能退缩。"

迪库尔的精英力量举秘诀

鉴于迪库尔专注于三项举重运动来全方位地锤炼其力量，因此他最终找到了一些力量举训练的秘诀也就不足为奇了。除了长着一双典型的俄罗斯人的眼睛，年长的迪库尔看上去并不像典型的力量举运动员。他有着浓密的灰白头发和络腮胡子，看上去和蔼可亲。在他60岁的时候，这位俄罗斯强人仍能以121千克的体重深蹲450千克，卧推260千克，硬拉460千克。这些成绩虽然并不是在比赛中完成的，但是是经过认证的。"这没有什么特别的，"迪库尔谦虚地说，"任何人都能够做到。你只需具备钢铁般的意志和设立务必达成的目标。"

PAVEL

你一定在网上看过迪库尔完成1014磅（459.9千克）硬拉的视频。他是怎么做到的呢？他的方法很独特，是将保罗·安德森（Paul Anderson）的训练计划与健美运动的孤立训练结合起来形成的。

迪库尔主张循序渐进，反对急于求成。他的力量举训练方法全面、科学和个性化。他对自己的日常训练计划守口如瓶，因为他认为这些计划并不适合其他人。"我每次的训练会持续三个半小时，时间太长了。时间很长，而且训练量很大。我尽力榨干自己的每一滴汗，离开健身房时几乎半死不活了。这样的训练是不合理的。我不建议其他人这样做，因为它很容易摧毁你的身体。"

尽管十分努力，迪库尔还是保留了部分身体能量。"我是马戏团的招牌，我必须储备力量，因为如果我把全部力量投入竞技场，那我可能会在需要它的时候陷入绝境，这是绝对不能发生的。"

迪库尔运用一种简单的技巧来监控系统性的过度训练，并将其扼杀在萌芽状态。早上起床前测量心率；坐起后再次测量；下床站起来时继续测量。相临两次测量的结果差异不应超过10 BPM（次/分钟）。如果差异值超过了10 BPM，请降低下一次的训练强度。迪库尔坚持认为，即使是经验丰富的力量型运动员，其连续进行纯力量训练的时间也不宜超出30~40天这个范围。

迪库尔强调记录心理准备的重要性。这意味着两件事：一是做好心理准备，二是对所有重量一视同仁。"无论大重量还是小重量，我对待它们的态度都是一样的。因为有太多的人轻视小重量，结果导致了更高的受伤频率，我们需要引以为戒。"

迪库尔透露的训练秘诀价比黄金，适用于任何一位聪慧老练的力量举运动员。

"我每周训练5次，其中2次训练专门针对小肌群。我把基础的大肌群隔离开，专门训练起辅助作用的小肌群。这样一来，不仅可以促进主要的大肌群生长，而且能够促进提供支撑的小肌群的生长。许多运动员不喜欢训练小肌群，并认为它们毫无帮助。这种认识是错误的。正是这些小肌群训练帮助我储备了力量。是的，这些训练十分费力，因为这部分肌肉一直未得到充分锻炼。不过，小肌群训练不需要使用很大的重量，尽管每个人都有使用大重量训练的欲望，但没有必要为小重量训练感到尴尬。这些小重量训练能够隔离主要肌群的发力，帮助我们建立'力量储备'"。

对俄罗斯运动员来说，迪库尔的"分割训练法"并不稀奇。苏联举重运动员的经验表明，每隔1天（1周3次）进行一次最大负荷的训练可以获得最高的力量训练收益。运动员还可以在其他训练日额外进行专项力量训练，以及技巧训练（几乎每天都需要安排）。

由于疲劳特异性现象，上述安排是可以实现的。比如，你今天完成了大量山羊挺身训练，第二天，你的背部可能无法继续进行山羊挺身训练，但正常安排硬拉或站姿躬身（早上好）训练则没有问题。可能会用到同样的肌肉，但是因为练习不同，你几乎可以全力完成新的练习——尽管达不到全力，但是很接近——因为新的练习对身体来说是新鲜的。耐力运动员深谙此道。一名铁人三项运动员昨天经历了辛苦的跑步训练，今天他的腿酸痛僵硬，以至于无法跑步，但骑自行车是可以承受的。仍然是腿部运动，只是更换了另外一种练习。了解疲劳特异性现象可以使你更快取得进步，因为你可以保持更高的训练频率，并仍能及时恢复。

路易·西蒙斯（Louie Simmons）非常了解疲劳特异性现象。他喜欢讲一个美国国家橄榄球联盟（National Football League，NFL）的力量教练的故事。这位教练曾经请教另一种团体运动的苏联教练，问他在比赛后的第一天让球员们训练什么。"训练他们的腿"，苏联教练回答。"那第二天呢？""训练他们的腿"，苏联教练回答。"那第三天呢？"答案仍然是一样的。教练解释道："你可以每天训练相同的部位，只要安排不同的练习就可以。因为存在'疲劳特异性'，朋友！"

世界拳击联赛（World Series of Boxing，简称WSB）推荐的训练方法与迪库尔的分割训练法大同小异。西蒙斯建议，在完成基础举重练习训练的第二天，应训练相对薄弱的肌群。"首先要找出自己较为薄弱的肌群，然后在基础训练后的第二天，专门训练这个部位。例如，如果你的三角肌相对薄弱，那就安排针对三角肌的平举练习，而不是推举。任何推举练习都需要调动其他肌群发力，例如肱三头肌和胸肌，而这些肌群可能在之前的训练中早已训练饱和了。"

"这样不会导致过度训练，相反，它会强化薄弱的肌群，使其能够与其他肌群更加协同。"路易补充道，"这些训练同样有助于恢复和建立体能储备。你可以在一次持续时间不超过30分钟的短时高强度训练中混合搭配2~3种针对性练习。"根据世界拳击联赛推荐的训练方案，每周可以分别安排2次这样的上半身训练和下半身训练。即使你采用不同于西部杠铃俱乐部（Westside Barbell Club）风格的训练方法也没关系。

迪库尔是线缆训练的忠实信徒，因为它们可以精确地训练指定的肌肉。他甚至设计了一款适合自己的线缆训练器。"我精通解剖学和生物力学。我对每一个动作进行了分解，使其可以针对涉及肌群的子肌群。没有其他举重运动员或力量举运动员这样做。例如，大约有46个肌群参与硬拉发力。但不管你如何训练，某些肌群（或神经通路）的训练效果很好，而另外一些肌群则训练得不够，因为它们没有受到训练所需的超负荷的刺激。一些能举起大重量的运动员来找我指导训练，仅仅2~3次训练后，他们便几乎无法走路。此时我还没有给他们制订大重量训练方案，只是让他们训练辅助性肌肉，那些只是参与举重动作但并未直接提供力量的肌肉。发生这样的现象是因为，一直以来只有强壮的大肌群接受了主要的负荷刺激，那些力量相对薄弱的小肌群并未得到有效的刺激。"

有趣的是，迪库尔一直强调健美运动，但却断然拒绝"以此来突破黏滞点"，他也不建议其他运动员这样做。"我个人以为，没有必要为了追求大肌肉量而去举非常大的重量，但几乎没有人相信我。"另一位伟大的俄罗斯力量运动员尤里·弗拉索夫持同样的观点。

当被问及力量训练秘诀时，迪库尔揭晓了两点。秘诀之一是训练所有肌群——包括小肌群，并在力量举训练中为其安排单独的训练日（每周5次训练中的2次）。秘诀之二是更努力地训练，"打破常规"，把多种力量举练习的变式引入训练中。

"至于我的比赛技巧，我尝试把杠铃的重心放在最优位置，使其更靠近我的身体中轴线。但是，为了做到这一点，在每次举起杠铃时，我都会尽力使其偏离中轴线。换句话说，我会首先获得力量，然后才着眼于雕琢完美的技术。"

这种训练技术的运用可以追溯到保罗·安德森，一位赢得俄罗斯人尊敬的人。保罗·安德森写道："扁平足的人可以比足弓正常的人硬拉更大的重量。因此，我们可以认为扁平足具有力学上的优势，并以此为基础继续推论，此时抬高脚后跟会产生巨大的力学劣势。我希望你可以尽可能地抬高脚后跟，同时能够把重量压在整个脚上。也许穿着常规的平跟鞋，并将鞋跟踩在厚度为2英寸（5.1厘米）的增高垫上，就可以获得足够的高度。这样做可以在硬拉动作的整个持续过程中产

生独特的张力，并有助于训练者克服个人的黏滞点。"请注意，安德森是穿着靴子完成这样的拉力训练的，匡威泰勒（Converse Chuck Taylor）运动鞋可能不行。

你可能会问，我们明明在谈论瓦伦丁·迪库尔，为什么会谈到保罗·安德森？因为迪库尔并没有为他的训练方法做宣传。所以我决定从其他可靠的资源中寻找一些超常的练习以填补空白。你必须清楚，这些都是非常高级的练习，本质上欠缺安全性，因为它们会使你处于力学上不利的杠杆中，容易使身体摇晃和受伤。

安德森发明和使用的另一种此类型的独特练习是站姿躬身（早上好）练习的变式，他通过这种练习在提高硬拉力量方面取得了巨大成功。

"第一次尝试站姿躬身练习时，我对训练效果很满意。我使用的起始重量非常小，但我尽我所能严格地完成动作，就这样训练了很长一段时间，颇有成效，我的硬拉翻举和抓举力量因此得到了很大提高。"

"我对这项特殊的辅助练习非常满意，于是继续这样训练，我发现自己变得越来越强壮，但后来，我在拉力训练的进步陷入了停滞，我发现，在直腿姿势下完成这个练习，把躯干弯曲到至少与地面平行的位置，然后再抬起来，能获得一些明显不同的感觉。就这样，在不知不觉、并非刻意的情况下，我学会了在这项练习中'作弊'。通过将臀部后伸平衡重量，我得以在付出更少力量的同时举起更大的重量。"

于是保罗停止向前折叠身体，开始训练现在人们熟悉的"力量早上好"练习。这是一项很好的练习，但如果你想在处于力学劣势的杠杆作用下训练，它并非好的选择。安德森想出了如下的解决办法，他简直是个天才。

"制作两条可以拉起的宽大带子，将其放在膝盖上方的大腿部位，"保罗在《自然奇迹》（Wonder of Nature）中写道。"这种带子宽5~6英寸（12.7~15.2厘米），可以用皮革或者某种织带制作。在每条带子宽度的中间位置，应该缝上或以其他方式固定一个环，用于连接绳子、链子等工具。比如，为每个环连接一条3英尺（0.9米）长的绳子。这样你就拥有了一种全新的工具，它能帮助你以严格的方式训练'早上好'。将两条绳子或链子固定在比绕大腿的带子稍高的位置。当从深蹲架上取下杠铃时，留出足够的绳子长度，你就可以向前迈步，做好所需的站姿并拉紧绳子。身体前倾，伴随着大腿上的带子产生的张力训练。保持双脚站稳，以免身体随着大腿上的带子摆动，那样很容易向前摔倒。为了更好地说明情况，应保持大部分重量压在双脚上，只靠带子作为稳定器为前倾的身体提供倚靠，而不是将所有重量压在带子上。最好使用非常轻的重量进行测试，直到你完全掌握要领。"

我会使用两种更强大的"打破常规"练习完成训练，一个美式的和一个俄式的。第一种练习是坐姿泽奇深蹲。几年前，我和路易·西蒙斯一起举办了一个研讨会，他向我展示了这个练习。这是一种非常适合传统拉力训练者的练习。坐在一个较高的箱子上，通过肘部的弯曲处固定杠铃杆。向前摆动杠铃，直至你感觉杠铃杆像在硬拉时那样前冲，好像要滚出臂弯，抬起臀部，然后重新坐下。整个过程都不用站起来。

第二种练习是由杰出的俄罗斯教练霍多谢维奇（Khodosevich）创造的"深蹲–早上好"组合练习。以正常的深蹲姿势站立。第一步，向前折叠身体，直到躯干与地面平行；第二步，放低髋部，做出深蹲姿势，注意不要让杠铃杆移动，而是以杠铃杆作为转轴；第三步，抬高髋部，回到"早上好"的姿势（杠铃杆仍保持不动）；第四步，起身，完成练习。

迪库尔拥有强大力量的 3 个秘密

1. 通过人为降低杠杆效率的方式训练力量举来增强力量举的力量，并使比赛技术臻于完善。
2. 每周安排 3 次力量举或其相应变式的训练。
3. 每周安排 2 次健美类型的辅助训练。

在俄罗斯有一个关于迪库尔的笑话："迪库尔被取消资格！经过X线检查，发现他的体内有一台升降机。"使用他的技术训练，也许有一天你也会得到这样的夸赞。

轻度训练，大重量竞技

在使用谢科的训练方法之前，运动大师谢尔盖·帕夫洛夫（Sergey Pavlov）说："我不知道，用几乎同样的重量训练2个月如何能够提高举重成绩。"他试了试，但仍旧存疑。"谢科的比赛周期就像在公园散步一样轻松顺畅，没有劳损，没有扭伤。训练结束后，我几乎感觉不到疲劳。"2年后，他原本薄弱的卧推成绩提高了35千克，而且是突然就做到了。

频繁的力量举技巧训练会让你变强，而且会持续地使你变强。你不仅可以通过优化生物力学参数举起更大的重量，而且你的肌肉也会学会更有力地收缩。换言之，你的肌肉间与肌肉内的协调性都会得到改善。即使你已经跻身于运动精英之列，仍然能够不断进步。

如何让肌肉听从指令

"举起更大的重量与实际上变得更强壮是有区别的。"

这是阿瑟·B.琼斯（Arthur B.Jones）的经典语录。他曾经在美国业余体育联盟（Amateur Athletic Union，简称AAU）世界赛上，以242磅（109.8千克）级体重完成了563磅（255.4千克）的卧推，他强调了通过训练神经系统使自己变得更强的两种方式。一种方法是提高肌肉间的协调性，也就是人们通常所说的运动"技能"；另一种方法是肌肉内协调，也就是更有力地激发每个肌群的能力。

人们对这两者都存在误解。西方的观点认为，只有在初学者力量训练的最初几周里，肌肉间协调才会发挥作用。只要更换一种运动，你就可以发现，这种说法是多么得荒谬。难道2个月后，你的网球发球就不可能变得更好了吗？苏联的研究已经证实，举重技术是可以在数年甚至数十年的时间里持续得到提高的。

如果你的技术无法继续提高，那么要么是你没有得到良好的指导，或者没有集中注意力，要么就是你训练不够充分。作为一名力量举运动员而非科学家，帕夫洛夫继续说道："用这种方法训练确实可以磨砺技术。老实说，我完全不记得我在比赛中是如何举起杠铃的，也没有平时训练时那种对卧推的感觉。"他补充说，不仅所有的尝试都很顺利，而且原有的技术缺陷（不均衡的拉伸）也没有一点儿显露的迹象。"关键在于，当你只是考虑是否要举起杠铃，并且没有时间考虑如何举起它的时候，谢科式训练不会把你推向极限。在这里，即使是在一组训练中，你也能够找到最佳的举重方式。每次训练完成30~60次这样的举重，每周安排4次这样的训练，这样你的技术水平就能得到显著提高。"

至于肌内协调，除了释放力量和制动，还有更多有益的效应。所有进入运动神经元中的兴奋性（启动）和抑制性（制动）神经输入的总和被称为H反射。但是你知道吗？运动神经元在如何响应力量启动方面同样具有发言权。

苏联研究者斯特帕诺夫研究了举重运动员肌电图随时间的变化情况。他发现，随着运动员在压力下变得更加强壮，肌肉只需较低的电活动就可以产生相同程度的张力。换句话说，举起同样的重量，耗费的精力较少。

后续的研究表明，重复刺激运动神经元可以增加其突触连接的强度，甚至可以形成新的突触。这个过程被称为突触促进，或者用举重运动员的语言来说，叫作"路径润滑"。

上述结论看似简单，但却意义深远。你刚刚又掌握了一种可以让自己变得更强壮的方法！使用中等重量经常性地训练比赛技术，可以使你的肌肉对大脑指令的反应越来越敏捷。因此到了比赛时，你只需像往常一样努力，就可以举起更大的重量！

多重合适

我过去认为，大部分的磨合训练（Grease The Groove，简称GTG）使用的重量应该在1 RM的70%~80%，因为这个范围的重量足够大，使你不会轻慢；也足够小，便于你专注技术，同时无须耗费心神。但在遇到菲尔·沃克曼（Phil Workman）之后，我意识到，要使用非常轻的重量才能获得理想的效果。这位得克萨斯州的力量举冠军使用的训练重量只有其最大举重重量的¼~⅓，通过每周80~100次的拉力训练，他没有借助任何药物就把硬拉成绩从605磅（274.5千克）提升至675磅（306.2千克）。

关于适合此类训练的最佳重量，我避谈这个问题，我只能笼统地说，你需要自己尝试确定。如果沃克曼没有每周安排一次大重量的深蹲训练，我猜想是因为他已经知道轻重量的拉力训练可以获得同样的效果。

动态对应原则

菲尔·沃克曼的正确做法之一就是，不会爆发式地完成轻重量的拉力训练，而是以慢速方式研磨力量。

你必须确保"润滑"正确的"凹槽"。这里的"凹槽"并不只限于举重的空间特性——特定的杠铃杆路径和身体位置，还包括更广泛的含义，比如速度、加速度等临时特性。按照维克霍山斯基（Verkhoshansky）教授的说法，特殊的身体准备必须满足动态对应原则的要求，或者在以下参数方面与比赛训练相似：

- ·运动的幅度和方向
- ·发力的重点区域
- ·动态力量（包括最大力量）
- ·产生最大力量的速度和用时
- ·肌肉运行机制

苏联国家奥林匹克举重队顾问弗拉基米尔·柴商斯基（Vladimir Zatsiorsky）教授补充说，只有当举重训练的运动学因素（即举重的速度和加速度参数）与最大举重重量相匹配时，才能有效地增强最大力量。

著名的苏联研究员和举重教练法拉梅耶夫（Falameyev）指出："与快速举重相比，杠铃的慢速运动会引发中枢神经系统和肌肉组织的不同变化，肌肉更易于适应缓慢平稳的运动和静态张力。人们必须牢记训练效果的高度专一性，即机体会使其功能适应正在进行的运动。"法拉梅耶夫强调，如果你的训练目标是增强力量，慢速举重非常重要。

根据巴斯马吉安（Basmagian）和西夫（Siff）的观点，同一运动在快速与慢速状态下调动的肌群也会有所不同。例如，在慢速与快速弯举中，肱二头肌和肱肌都会参与运动，但在快速弯举中肱桡肌也参与了运动。

现在应该很清楚了，只有使用较轻的重量，并控制好每次举重的时机，并以非爆发式的方式举重，"凹槽"才能得到正确的润滑。否则，你的发力机制会完全不同，并导致错误的运动路径。

观察来自俄罗斯的国际力量举联合会（International Powerlifting Federation，简称IPF）运动员，你就会明白我的意思。或者听听德国力量举运动员斯蒂芬·科尔特（Stephan Korte）的话："我推荐'节能策略'……它意味着你只需在一次特定的举重动作中投入所需的能量。埃德·科恩（Ed coan）是运用这种方法的典范……他的热身动作看起来总是一样的，几乎与他在比赛中完成最大重量的深蹲时相同。'节能策略'可以为你节省足够的能量（用于完成大训练量的训练）……并帮助你建立举起更大重量的信心。如果只需一半的能量和力量就能完成一组训练重量达到你的最大重量64%的训练组，你就可以建立'精神储备'。当你的训练重量达到最大重量的80%~95%时，这种储备会帮助你获得更多的信心。"

埃德·科恩热身的样子与比赛的样子看起来是相同的
照片由《美国力量举》（*Powerlifting USA*）杂志友情提供

这种信心的建立还能体现在另外一个层面。如果你习惯于在训练中快速举起杠铃，当比赛中的试举节奏突然比你惯常的节奏变慢时，你可能会惊慌。如果你的所有举重训练都与第四次试举时的速度相当，这种情况就不会发生。

必须指出的是，以完成1 RM的速度举起次最大重量，并不意味着你要像开慢车时那样频繁地施加人工制动！

我认为一个训练者的磨合训练中根本没有安排爆发式训练的空间。正如马蒂·加拉赫所说的那样，至多是为了"分散注意力"而短暂停顿，例如斯莫洛夫（Smolov）的"转换周期"，就属于这种情况。正如维克霍山斯基和西夫所说的："在生理机制和能量源的使用方式上，慢速运动和速度型的力量练习（具有快速运动本质的练习）的力量运行机制本质上是不同的。"

实践运用

你需要以一种在身体不会力竭的前提下完成尽可能多的高质量训练的方式组织训练。引用弗拉基米尔·柴商斯基教授的话，"尽你所能完成高质量的训练，同时尽可能地保持精力充沛。"

选择之一就是遵循现有的某种大训练量/高训练频率/中等训练强度的"力量训练法"，比如谢科训练法（Sheyko's）、我在《徒手斗士》一书中介绍的磨合训练法，以及科特的3×3训练法（Korte's 3×3）。科特的训练要求你在准备阶段使用⅔的最大重量完成8组、每组5次重复的硬拉，每周训练3次。

或者，你可以在现有的训练方案中简单地加入小重量训练日或简短的训练环节。比如，在每次训练的起始和即将结束时，针对举重训练中的薄弱环节安排几组磨合训练，包括几个低重复次数训练组和几个单次训练组。

相比爆发式训练的训练者，使用磨合训练法训练的人可以在力量训练效果方面获得更为明显的优势。拉动1 RM的65%的重量，并通过加速的方式进行补偿，这样的训练是不是很容易？看起来并不难，事实上体验也很棒。但它确实需要大量的能量激发。如果你试图完成多次爆发式的举重，即使重量很小，这样训练超过1周的话，你的肾上腺也会吃不消。与之相对的，磨合风格的训练更强调注意力和动作的准确度，而不是力量的瞬时激发，因此你可以节省肾上腺素将其用于比赛中。你可以一整天都用1 RM的65%的重量进行单次组的训练，如果你的组间休息时间足够长，最先撑不住的会是你的手掌皮肤。

为什么俄罗斯的国际力量举联合会冠军如此强大？你可以反驳说他们天生就适合举重，也可以承认他们的确进行了大量的训练。他们的教练谢科会坚决地说："训练越多，能够举起的重量越大。"

乌克兰力量举的秘密——打破23年的世界纪录

维塔利·帕帕佐夫（Vitaly Papazov）以超人的努力完成了最后一次硬拉。卡兹迈尔（Kazmeier）保持了23年的、遥不可及的国际力量举联合会总纪录最终被打破。乌克兰冠军跪倒在地。教练列昂尼德·科滕达查（Leonid Kotendzha）跑上站台，喜极而泣。

列昂尼德·科滕达查是乌克兰的杰出教练。他最初是一名奥林匹克举重运动员兼教练，并赢得了运动大师头衔，后来迷上了力量举。次年，也就是1988年，他成为第一位赢得苏联力量举运动大师称号的人。与早期出身于奥林匹克举重运动员的其他苏联力量举运动员不同，列昂尼德十分擅长卧推。

毫不奇怪，列昂尼德的训练方法源于奥林匹克举重。用他自己的话说，是"饱受经验主义的困扰"。在指教的路上，他还加入了一些从美国力量举运动员那里学到的窍门。列昂尼德和罗布·劳伦斯（Rob Lawrence）一见如故。罗布说："我需要特异性训练来变得强壮，需要多样性训练来保持清醒。"列昂尼德说："经过长期的探究，我认为，不必每周都要完全改变训练计划。原则上，为精英运动员设计一个周计划，通过只改变训练负荷使其遵循这个计划一直训练下去是完全可能的。然而问题在于，没有人能够忍受这样的训练计划。你很快就会感到厌烦。这就是需要定期改变所有训练内容的原因。"

因此，列昂尼德会在特定的准备阶段保持练习不变，并在下一阶段做出改变。无论何时，有一点是永远不变的，即三种力量举项目（深蹲、卧推和硬拉）都要每周训练2次。"至于选择何种类型的推举、深蹲和拉力练习则是另一个问题。"列昂尼德补充道。他会根据运动员的薄弱环节和特定准备阶段有针对性地选择合适的练习变式。例如，相比基础期，快速卧推更适合比赛期。

列昂尼德喜欢周期化训练的理念，而非传统的美式线性积累理论。他认为，在准备阶段，运动员必须达到相当的训练量，即在60%~77.5%的训练强度区间，每一种力量举的比赛项目都应完成800~900次重复。有时候，帕帕佐夫会在同一天内使用1 RM的75%的重量完成5组、每组5次重复的深蹲和卧推，所以列昂尼德并没有开玩笑。在夏季，他根本不会进行周期化训练，而是尝试其他训练方法。以下内容摘录自帕帕佐夫的训练计划，正是这个训练计划令他达到巅峰，并打破了卡兹迈尔的传奇纪录，向你展示了列昂尼德的魔力。

国际力量举联合会两届世界冠军维塔利·帕帕佐夫的乌克兰式大众训练计划

首先解释一下。

值得注意的是，大多数苏联力量举教练都会基于比赛中的最好成绩，而非在训练中的最好成绩规定辅助练习中训练负荷的百分比。例如，如果借力推举的训练负荷百分比是35%，这意味着所用重量为比赛中最大卧推重量的35%。而且，列昂尼德的训练负荷百分比是基于自然状态的最好成绩设定的。此外，他的举重运动员很少在训练时使用装备——这也是他们的自然最好成绩与他们使用装备时的最好成绩相差不大的原因。在列昂尼德看来，除了护腕和护膝，其他装备都应在力量举比赛中禁止使用。

"早上好"练习的百分比是基于比赛中硬拉的最好成绩设定的。在完成"早上好"练习时，应将膝关节的弯曲度控制在最小幅度（根据个人舒适度而定），直至躯干前倾70°~80°。在半蹲"早上好"变式中，躯干的前倾角度与标准的"早上好"是相同的，只是膝关节的弯曲幅度可以更大，几乎与深蹲中的弯曲幅度相当。通过观察偶像戴维·里格特（David Rigert）的训练，列昂尼德学会了这项练习。戴维·里格特会以颈后借力推举结束"早上好"练习，普通人则不需要这样。

在苏联的举重传统环境下，跑步和游泳是列昂尼德训练计划的特色。一旦他注意到某些运动员在低强度、大训练量的训练中呼吸急促，他就会在特定的准备阶段加入体能训练。当然，用兰德尔·斯特罗森博士的话来说，列昂尼德训练计划中的"跑步"给跑步运动员留下的印象就像训练"举重"的跑步运动员给举重运动员留下的印象一样。事情本来就该是这样的。力量举运动员可以通过跑步、游泳或者使用壶铃进行体能训练，但他们并不是为了精通这些项目，而是为了获得艰苦的举重和长时间比赛所需的耐力。

像许多东欧同行一样，列昂尼德在训练计划中配置了一些引入停顿和改变速度的力量举变式。其中一些需要加以说明。

卧推下降过程中安排3次停顿

下降过程中，在你的黏滞点停顿一次，然后降低2~3英寸（5.1~7.6厘米）停顿一次，最终将杠铃杆在胸部保持停顿。

卧推向上的过程中安排3次停顿

在同样的位置安排停顿，只是方向变成了卧推向上。

卧推训练中分别安排1秒、2秒、3秒、4秒的停顿

在第一次动作中，在胸部停顿1秒，在第二次动作中停顿2秒，以此类推。当然，如果一组训练只有2次重复，你需要保持停顿至4秒。

卧推训练中分别安排3秒、2秒、1秒的停顿

这次从3秒的停顿开始。目前还不清楚如何处理一组包含4次重复的训练。可能需要增加一次1秒的停顿。

3次停顿硬拉+快速硬拉+反向动作（将杠铃放回地面）

拉起杠铃，在距离地面1英寸（2.5厘米）的位置停顿。继续上拉，至膝盖下方时

停顿。然后在黏滞点（假设动作顶点是你的黏滞点）停顿。不要锁定姿势，要放低杠铃，并在地面稍作停顿后，像在比赛中那样爆发式地拉起杠铃，然后用3~5秒的时间放低杠铃使其回到地面。这是一次重复。

如果训练计划上写着（2+2+1），这意味着全程包含2次停顿环节、2次快速硬拉和1次反向动作。

梯度硬拉，30厘米–15厘米–0厘米（1英尺–0.5英尺–0英尺）

把杠铃的两端杠铃片分别架在由两个0.5英尺（15.2厘米）高的、叠放在一起的木块组成的平台上。俄罗斯人更喜欢用木块或橡胶块来架高杠铃，而不是框式深蹲架。因为前者容易找到，并且在上拉的起始阶段杠铃杆不会出现弯曲。而且，用这种支架硬拉杠铃的感觉更真实。

运动员开始硬拉。当他从这个较高的平台完成训练组设定的最后一次重复时，两名助手立即从两边平台各抽走一个木块。接下来举重运动员会借助高出地面0.5英尺（15.2厘米）而非1英尺（30.5厘米）的平台继续训练。

在运动员完成新高度设定的全部重复后，助手会移除剩余的木块，现在的硬拉就是从地面开始了。

"50%×4"意味着从1英尺（30.5厘米）的高度硬拉4次，从0.5英尺（15.2厘米）的高度硬拉4次，最后从地面上硬拉4次并将杠铃放回地面。如果在括号中指定了重复次数，它们指的是每个阶段的重复次数。例如，"85%×（2+2+1）"代表从最高位置硬拉2次，从较高位置硬拉2次，从地面硬拉1次。

地面硬拉+悬挂硬拉

完成从地面和杠铃处于完全静止状态下起始的硬拉重复次数，然后在不放下杠铃的情况下继续硬拉。

例如，"75%×（2+4）/3"表示每组完成2次从地面起始的完全静止状态下的硬拉和4次悬挂硬拉，共完成3组。

负重跳跃

教练没有指定跳跃训练的类型，但很可能是从大腿与地面平行、身前还抓着一个壶铃的前深蹲姿势起跳的。"X"指的是主项练习使用的重量百分数。帕帕佐夫通常负重20~30千克跳跃。

> ### 跳跃对举重运动员来说是必需的吗？
>
> 俄罗斯著名教练鲍里斯·谢科回答说："立定跳远、跳鞍马或跳箱子、从壶铃深蹲起始的跳跃、深蹲跳（冲击跳跃）等跳跃练习能够帮助举重运动员发展腿部的最大力量和爆发力。但你必须考虑到，这些练习会增加受伤的风险。"

虽然以下两种来自列昂尼德和帕帕佐夫练习库中的练习不是我们即将介绍的训练计划的组成部分，但我相信，你一定想了解它们。

快速深蹲

当深蹲重量超过1 RM的70%时，应佩戴护膝。身体要一直下蹲到低于标准深蹲的低位，然后像举重运动员那样向上反弹。

负重深蹲变式

列昂尼德可能会给帕帕佐夫制订这样的训练方案：（70%+15%−10%）×（2+1+2）。这代表首用1 RM的70%的重量完成2次重复，然后立即增加15%的重量继续完成1次重复，接下来立即减掉10%的重量再完成2次重复。

基础阶段　第1周

周一

1. 卧推——50%×4，60%×4，70%×4，75%×4/4
2. 窄握卧推——50%×4/4
3. 小重量卧推——8/4
4. 搁板卧推——85%×4/4
5. "早上好"——30%×6/4
6. 深蹲——50%×4，60%×4，70%×4，75%×4/4
7. 小重量负重屈臂撑——8/4

周二

1. 卧推，下降过程包含3次停顿——50%×3，60%×3，70%×3，75%×3/3
2. 借力推举——（30%~40%）×3/4
3. 相扑深蹲——50%×5/5
4. 深度硬拉——30%×6/5
5. 负重跳跃——（X−10）%×5，X%×5/5

周三

1. 卧推——50%×4，60%×4，70%×4，72.5%×4/2，75%×3/2，77.5%×2/2

2. 对握卧推——55%×4/4

3. 飞鸟——7/4

4. 3次停顿硬拉+快速硬拉+反向动作——50%×2，60%×2，65%×1，72.5%×2/4

5. 箱式深蹲——55%×4/4

6. 反握卧推——50%×4，60%×4，65%×4/3

周四

1. 跑步——400米/2，10分钟

2. 桑拿、按摩——2小时

周五

1. 45°上斜卧推——40%×4，50%×4，60%×4，65%×3/4

2. 卧推，向上的过程包含3次停顿——60%×3/4

3. 下斜飞鸟——8/4

4. 深蹲——50%×4，60%×4，70%×4，77.5%×4/4

5. 半蹲"早上好"——（30%~40%）×5/4

6. 小重量法式卧推——8/4

7. 小重量肱二头肌弯举——8/4

周六

1. 1秒、2秒、3秒、4秒停顿卧推——50%×4，60%×4，65%×3/2，70%×2/2，75%×2/2，80%×1/2

2. 搁板卧推——90%×3/4

3. 深度硬拉——50%×4，60%×4，70%×4/4

4. 屈臂撑——7/5

5. 健美训练

基础阶段　第2周

周一

1. 飞鸟——40%×4，50%×4，60%×4，70%×4/4

2. 窄握卧推——50%×4/4

3. 小重量卧推——8/4

4. 搁板卧推——80%×5/4

5. 早上好——30%×6/4

6. 深蹲——40%×4，50%×4，60%×4，70%×4/4

7. 屈臂撑——8/4

周二

1. 卧推，下降过程包含3次停顿——40%×3，50%×3，60%×3，70%×3/4

2. 借力推举——35%×4/5

3. 相扑深蹲——50%×5/5

4. 深度硬拉——30%×6/5

5. 负重跳跃——（X-20）%×6，（X-10）%×5/3

周三

1. 卧推——40%×4，50%×4，60%×4，65%×4/2，70%×2/2，75%×3/2

2. 对握卧推——50%×5/4

3. 小重量飞鸟——8/4

4. 3次停顿硬拉+快速硬拉+反向动作——50%×（2+2+1），60%×（2+2+1），70%×（2+2+1）/4

5. 箱式深蹲——50%×4/4

6. 反握卧推——50%×5，60%×4/4

周四

1. 跑步——400米/3，20分钟

2. 桑拿、按摩——2小时

周五

1. 45°上斜卧推——40%×4，50%×4，60%×3/4

2. 卧推，向上的过程包含3次停顿——55%×3/4

3. 小重量45°下斜飞鸟——8/4

4. 深蹲——50%×4，60%×4，70%×4，75%×5/4

5. 半蹲"早上好"——30%×5/4，40%×5/4

6. 法式卧推——8/4

7. 单臂哑铃肱二头肌弯举——7/4

周六

1. 1秒、2秒、3秒、4秒停顿卧推——50%×4，60%×4，75%×3/2，70%×3/2，65%×3/2，60%×3/2

2. 搁板卧推——80%×4/4

3. 深度硬拉——50%×5，60%×5，65%×5/4

4. 小重量负重屈臂撑——8/4

5. 健美训练

基础阶段 第3周

周一

1. 飞鸟——50%×4，60%×4，70%×4，80%×3/5

2. 窄握卧推——55%×4/5

3. 小重量卧推——7/5

4. 搁板卧推——90%×3/4

5. "早上好"——6/4

6. 深蹲——50%×4，60%×4，70%×4，77.5%×4/4

7. 屈臂撑——8/4

PAVEL

拉起！乌克兰的维塔利·帕帕佐夫即将打破卡兹迈尔的世界纪录

周二

1. 卧推，下降过程包含3次停顿——50%×3，60%×3，70%×3，77.5%×3/3

2. 借力推举——30%×3，40%×3，45%×3/3

3. 相扑深蹲——50%×5/2，60%×4/2

4. 深度硬拉——35%×5/5

5. 负重跳跃——（X-10）%×5，X%×5/3

周三

1. 卧推——50%×4，60%×4，70%×4，72.5%×4/2，77.5%×3/2，82.5%×2/2

2. 对握卧推——60%×4/4

3. 飞鸟——中等重量7/2，6 RM/2

4. 3次停顿硬拉+快速硬拉+反向动作——50%×（2+2+1），60%×（2+2+1），65%×（2+2+1），72%×（2+2+1）/4

5. 箱式深蹲——60%×4/4

6. 反握卧推——50%×4，60%×4，65%×3/4

周四

1. 跑步——1000米，10分钟

2. 桑拿、按摩——2小时

周五

1. 45° 上斜卧推——40%×4，50%×4，60%×4，65%×3/4

2. 卧推，向上的过程包含3次停顿——65%×3/4

3. 45° 下斜飞鸟——7/4

4. 深蹲——50%×4，60%×4，70%×4，77.5%×5/4

5. 半蹲"早上好"——（30%~40%）×5/4

6. 法式卧推——7/4

7. 小重量肱二头肌弯举——8/4

周六

1. 1秒、2秒、3秒、4秒停顿卧推——50%×4，60%×4，75%×（3+3+3+2）/3，70%×（3+3+3+2）/3，65%×（3+3+3+2）/3，60%×（3+3+3+2）/3

2. 搁板卧推——90%×3/3

3. 深度硬拉——50%×4，60%×4，70%×4，77.5%×4/4

4. 屈臂撑——小重量8/2，中等重量7/2，6 RM/1

5. 健美训练

准备阶段 第1周

周一

1. 卧推——50%×5，60%×5，70%×5，75%×5/5

2. 窄握卧推——50%×5/5

3. 小重量飞鸟——8/5

4. 半蹲"早上好"——30%×6，35%×5/5

5. 深蹲——50%×5，60%×5，70%×5，75%×5/5

6. 小重量上拉——8/4

周二

1. 搁板卧推——50%×4，60%×4，70%×4，80%×4，85%×4/4

2. 实力举——30%×4/5

3. 相扑深蹲——40%×5/5

4. 负重跳跃——（X−10）%×5，X%×5/5

周三

1. 小重量飞鸟——8/5

2. 中等重量负重屈臂撑——7/3

3. 卧推——50%×4，60%×4，70%×4/2，80%×4/2

4. 梯度硬拉——50%×4，60%×4，70%×4，85%×（2+2+1）/5

5. 腿举——60%×5，70%×5/4

6. 中等重量下斜飞鸟——7/4

周四

1. 桑拿、按摩——2小时

周五

2. 上斜卧推——50%×5，60%×5/5

3. 小重量下斜飞鸟——8/4

4. 反握卧推——60%×4，70%×4/4

5. 深蹲——50%×3，60%×3，70%×3，80%×3，85%×2，82%×3，80%×4，77%×5，75%×6

6. 深度硬拉——30%×6/5

7. 自重跳箱子，高度100厘米——5/5

周六

1. 3秒、2秒、1秒停顿卧推——50%×4，60%×4，70%×3/2，75%×3/2，80%×3/2

2. 搁板卧推——90%×3/4

3. 地面硬拉+悬挂硬拉——50%×（2+2），60%×（2+2），70%×（2+2），80%×（2+2）/4

4. 腿举——60%×5，75%×5/4

5. 中等重量负重屈臂撑——7/4

准备阶段　第2周

周一

1. 卧推——50%×5，60%×5，70%×5，77%×4/5

2. 窄握卧推——50%×4/5

3. 中等重量飞鸟——7/5

4. 半蹲"早上好"——30%×6，40%×5/4

5. 深蹲——50%×5，60%×5，70%×5，77%×4/5

6. 小重量上拉——7/4

周二

1. 搁板卧推——50%×4，60%×4，70%×4，80%×4，85%×4/4

2. 实力举——30%×4/2，35%×3/3

3. 相扑深蹲——（30%~40%）×5/5

4. 负重跳跃——（X-10）%×5，X%×5/4

周三

1. 小重量飞鸟——7/4

2. 屈臂撑——6/5

3. 卧推——50%×5，60%×4/2，70%×4/2，80%×4/2

4. 梯度硬拉——50%×3，60%×3，70%×3，85%×1/5，85%×2/5，85%×1/5

5. 腿举——60%×5/4

6. 下斜飞鸟——8/5

周四

1. 桑拿、按摩——2小时

周五

1. 上斜卧推——50%×5/2，60%×5/3

2. 小重量下斜飞鸟——8/4

3. 反握卧推——65%×4/5

4. 深蹲——50%×4，60%×4，70%×4，75%×4/3，80%×3/3

5. 深度硬拉——30%×6/4

6. 自重跳箱子，高度100厘米——5/5

周六

1. 3秒，2秒，1秒停顿卧推——50%×4，60%×4，70%×3/2，75%×3/2，80%×3/2

2. 搁板卧推——90%×3/4

3. 地面硬拉+悬挂硬拉——50%×（2+2），60%×（2+2），70%×（2+2），77%×（2+2）/4

4. 腿举——60%×5，75%×5/4

5. 负重屈臂撑——中等重量7/2，6 RM/2

准备阶段 第3周

周一

1. 卧推——50%×5，60%×5，75%×5/2，80%×4/3

2. 窄握卧推——55%×4/5

3. 小重量飞鸟——7/4

4. 半蹲"早上好"——（30%~40%）×5/4

5. 卧推——50%×5，60%×5，75%×4/2，80%×3/3

6. 中等重量上拉——7/4

周二

1. 搁板卧推——50%×4，60%×4，70%×4，80%×4，90%×3/4

2. 实力举——30%×4，35%×3/4

3. 相扑深蹲——（30%~40%）×5/5

4. 负重跳跃——（X−10）%×5，X%×5/2，（X+10）%×5

周三

1. 小重量飞鸟——8/4

2. 中等重量负重屈臂撑——7/3

3. 卧推——50%×3，60%×4，70%×5，75%×6/5

4. 梯度硬拉——50%×4，60%×4，70%×4，90%×（1+1+2）/4

5. 腿举——60%×5，75%×5/4

6. 中等重量下斜飞鸟——7/4

周四

1. 桑拿、按摩——2小时

周五

1. 上斜卧推——50%×5，60%×5/2，65%×4/3

2. 小重量下斜飞鸟——8/4

3. 反握卧推——60%×4，70%×4/4

4. 深蹲——50%×4，60%×4，70%×5/2，75%×4/2，80%×3/2

5. 深度硬拉——30%×6/4

6. 自重跳箱子，高度100厘米——5/5

周六

1. 3秒、2秒、1秒停顿卧推——50%×4，60%×4，70%×3/2，75%×2/3，80%×2/3

2. 搁板卧推——90%×3/4

3. 地面硬拉+悬挂硬拉——50%×（2+2），60%×（2+2），70%×（2+2），75%×（2+4）/3

4. 腿举——60%×5，75%×5/4

5. 中等重量负重屈臂撑——8/2，7/3

比赛阶段　第1周

（准备阶段第3周后至本周之间的6周训练未列出）

周一

1. 比赛式卧推——50%×3，60%×3，70%×3，80%×2/3

2. 搁板卧推——85%×3/3

3. 中等重量飞鸟——6/3

4. 比赛式深蹲——50%×3，60%×3，70%×3，80%×3/3

周二

休息

周三

1. 45°上斜卧推——40%×3，50%×3/4

2. 中等重量负重屈臂撑——6/3

3. 负重跳跃——（X-20千克）×4/4

4. 深度硬拉——30%×5/4

周四

1. 桑拿、按摩——1.5小时

周五

1. 快速无停顿卧推——50%×3，60%×3，70%×3/3

2. 小重量飞鸟——6/3

3. 相扑深蹲——40%×4/2，50%×4/2

4. 单臂哑铃肱二头肌弯举——6/3

周六

1. 比赛式深蹲——50%×3，60%×3，70%×3，75%×3/3

2. 比赛式卧推——50%×3，60%×3，70%×3，75%×3/3

3. 小重量负重屈臂撑——6/3

4. 山羊挺身——15%×6/3

比赛阶段 第2周

周一

到达比赛地点，休息

周二

1. 比赛式卧推——50%×3，60%×3，70%×3，75%×3/3

2. 小重量飞鸟——6/3

3. 比赛式深蹲——50%×3，60%×3，70%×3/3

周三

1. 借力推举——（20%~30%）×3/4

2. "早上好"——25%×4/3

3. 负重跳跃，重量为自重的50%——4/3

周四

休息

周五

1. 深蹲热身，1 RM的30%
2. 比赛式卧推
3. "早上好"

周六

休息

周日

比赛

深蹲——400千克，410千克，420千克
卧推——280千克，292.5千克，300.5千克
硬拉——355千克，370千克，382.5千克
总成绩1103千克（体重125千克）。

新的国际力量举联合会世界纪录。

列昂尼德·科滕达查的训练方法概要

· 深蹲、卧推和硬拉每周训练 2 次。除了比赛式练习，训练还包括这些主要训练项目的变式。
· 在训练阶段保持相同的训练。
· 绝大部分时间进行无装备辅助的训练。
· 周期化训练固然很好，但在准备阶段，运动员必须以 1 RM 的 60%~77.5% 的训练强度将每种比赛项目完成 800~900 次重复。
· 如果在大训练量训练日感觉体力不支，应增加体能训练。
· 不要在夏天安排周期化训练，应尝试一些新的训练方式。

你可以看到，列昂尼德·科滕达查的训练是一种适度的训练。练习的多样性适度，这种训练的多样性介于俄罗斯和乌克兰的极端专业化训练与西部杠铃俱乐部风格的自助式训练之间；每种训练主项每周2次的中等训练频率，介于加拉赫（每周1次）和谢科（每周4~8次）的两种极端情况之间；训练量中等，介于科恩和斯莫洛夫的训练量之间。训练强度峰值同样是中等的，在比赛前不会高于最大值的92.5%。

列昂尼德体系中的所有参数都是中等程度的，但它产生的结果是非凡的。

俄罗斯举重运动员如何在停训后快速恢复状态

我们每个人都会遇到这种情况。生活总是会给你出难题，然后你的训练中断了1个月。不管是疾病、受伤、工作危机，还是家庭问题，以及激烈比赛之后的短暂停训，结果都是一样的——你会变得虚弱。

直接回到停训前的训练是愚蠢的，你一定会受伤。如果你遵循规律并具有耐心，可以从非常容易的练习和非常小的重量开始，通过两个月左右的经典周期化训练恢复原有的训练状态。但如果你面临一场即将到来的力量举比赛，或者耐心不足，这种情况下要怎么办呢？

运动大师谢尔盖·帕夫洛夫给出了答案。这位力量举健将多次经历被迫停训的状况，并在如何快速安全地恢复状态方面进行了深入的探索。他选择了斯莫洛夫的深蹲预备训练。

为期 2 周的斯莫洛夫深蹲预备训练周期

第 1 周

周一 —— 65% × 8/3，70% × 5，75% × 2/2，80% × 1（重复次数 / 组数）

周二 —— 65% × 8/3，70% × 5，75% × 2/2，80% × 1

周三 —— 70% × 5/4，75% × 3，80% × 2/2，90% × 1

　　　　百分比基于你在停训前无装备辅助的最好深蹲成绩制订。

　　　　周四、周五、周六训练弓步，着重于最大限度地拉伸大腿。

第 2 周

周一 —— 深蹲，80%~85%

周三 —— 深蹲，80%~85%

周五 —— 深蹲，（80%~85%）× 5/1

　　　　包括跨越各种障碍的跳跃练习、跳远、跳箱子等。不过没有像深蹲跳那般剧烈的跳跃练习。

帕夫洛夫遵循这个训练方案并取得了成效，但这个训练方案本身具有复杂性。在深蹲停训1个月之后，以背靠背的方式和较大的训练重量安排3天深蹲训练令他的双腿难以承受。他甚至无法走路，由微创伤造成的组织积液导致他的双腿肿胀超过了1英寸（2.5厘米）。到第2周结束时，帕夫洛夫已经适应了训练负荷，他并不介意这样虐待自己的身体。以下是帕夫洛夫第二次从停训状态快速恢复时对深蹲预备训练周期所做的修改。

为期 2 周的帕夫洛夫深蹲、卧推和硬拉预备训练周期

百分比基于几个月内无装备辅助的最好成绩制订。训练也要在无装备辅助的情况下完成。

第 1 周

周一——65% × 8/3，70% × 5，75% × 2/2，80% × 1

周二——65% × 8/3，70% × 5，75% × 2/2，80% × 1

周三——70% × 5/4，75% × 3，80% × 2/2，90% × 1

第 2 周

周一——（80%~85%）× 3/5

周三——（80%~85%）× 4/4

周五——（80%~85%）× 5/3

停训 3~6 周时可以使用这个训练计划。如果停训时间更长，建议从更简单轻松的训练开始。

帕夫洛夫的前3次训练的参数都与斯莫洛夫方案中的一致，但他在训练之间增加了1天休息时间，并引入了弓步和跳跃训练。他认为，当一个人的身体力量没有处于良好状态时，跳跃并不是最安全的。

"在这个训练周期的末尾，我以80%~85%的比例每组完成5次重复，并如愿恢复了身体状态，"帕夫洛夫总结到，"只需两周。"他指出，尽管参数与斯莫洛夫方案中的数字相同，但经过改进的训练方法对身体的消耗与磨损要少得多。要讲效率，朋友！帕夫洛夫在深蹲和卧推训练上使用了相同的方案，他深信它同样适用于硬拉。

"当然，即使是经过改进的版本，这个训练方案也不轻松。肌肉会很酸痛，你仍须努力训练。简言之，你得全力以赴。但我相信，训练结果值得你这样付出。"结果不只是让你恢复原有状态那么简单。根据帕夫洛夫的说法，如果遵循他的训练方案，

你很可能在比赛中创造新的个人纪录。

只用8周时间就可以从状态不佳恢复到创造新的个人纪录？我请求加入！

如果你不适应俄式训练频率

帕夫洛夫坚持使用谢科的高频率训练方法。同时，他也会明智地听从身体的感觉并增加休息环节。相对于斯莫洛夫每周 6 次的训练频率，他选择每周训练 3 次。如果你不适应极端的俄式训练频率——每周安排 8 次卧推训练——你可以对其做进一步地优化。每周训练 2 次，并将帕夫洛夫深蹲预备训练周期延长至 3 周。

第 1 周

周一——65% × 8/3，70% × 5，75% × 2/2，80% × 1

周四——65% × 8/3，70% × 5，75% × 2/2，80% × 1

第 2 周

周一——70% × 5/4，75% × 3，80% × 2/2，90% × 1

周四——（80%~85%）× 3/5

第 3 周

周一——（80%~85%）× 4/4

周四——（80%~85%）× 5/3

俄罗斯力量举队是如何训练的

俄罗斯的力量举队主教练康斯坦丁·罗戈日尼科夫（Konstantin Rogozhnikov），培养了许多冠军运动员，包括世界冠军、亚洲冠军、欧洲冠军、俄罗斯冠军。他承认，在多年的反复试验和失败过程中，他的训练方法饱经风霜。罗戈日尼科夫本人是世界大师锦标赛银牌得主。无论你的立场是怎样的，请帮自己一个忙，看看俄罗斯力量举队是如何训练的。他们的训练体系巧妙地将西部杠铃训练、力量型健美和周期化控制融于一体，每周只需要安排2~3次训练，非常易于执行。

罗戈日尼科夫强调，他的训练方法既适用于无装备辅助的力量举运动员，也适合参加世界力量举大会（The World Powerlifting Congress，简称WPC）、世界力量举协会大赛的运动员。

日程安排

考虑到俄罗斯的高频训练传统和世界力量举大会的药检程序，你会惊讶地发现：罗戈日尼科夫把恢复当成绝地武士一样严肃对待。他甚至会用大写的过度训练来吓唬自己的运动员。如果你的进步已经停滞甚至出现退步，如果你的睡眠欠佳、食欲不振，如果你无意训练，并且肘部、膝盖和背部伤痛不已，教练建议你暂停举重训练10天。你可以尝试到大自然中远足、进行俄罗斯蒸汽浴、按摩，甚至物理治疗。谢天谢地，他并没有推荐修指甲。

教练提醒我们，训练压力不仅作用于肌肉，每次举重时，你的神经系统和内脏都会受到冲击。他采取的促进恢复的第一步是，把深蹲和硬拉安排在一起训练，因为两种练习用到了相同的肌群。记住弗雷德·哈特菲尔德（Fred Hatfield）。他针对俄罗斯运动员采取了激进的训练策略——深蹲/硬拉训练和卧推训练每6天1次。这样第1周的训练共计2次，下一周可以增加到3次。康斯坦丁·罗戈日尼科夫强调，他的训练频率建议并不只适用于参加世界力量举大会的超级运动员，而是适合任何举重训练者，包括无装备辅助的举重训练者和轻重量级的训练者。

具体来说，你在周一训练卧推，在3天后的周四训练深蹲和硬拉。72小时后的周日，你可以安排更多卧推和上半身训练。接下来第二周的周三，继续训练腿部，依此类推。但罗戈日尼科夫的训练计划不止于此，他还会循环安排大重量、小总量和中等重量的训练日。他并没有严格按照美式的大重量-小重量-中等重量的顺序安排循环，而是更侧重于小重量训练。例如，按照大重量-小重量-中等重量-小重量-大重量的顺序安排训练。上半身和下半身的训练周期都经过了精心策划，深蹲/硬拉和卧推的大重量训练不会背靠背出现。在准备阶段，教练常常为每种练习提前规划出5次训练的类型。如果坚持为卧推训练安排大重量-小重量-中等重量-小重量-大重量的顺序，请记住，不要让上半身和下半身的大重量训练日紧挨着，这样你的月训练计划可能如下表所示。

周数	周一	周二	周三	周四	周五	周六	周日
1	卧推 大重量			深蹲/硬拉 小重量			卧推 小重量
2			深蹲/硬拉 小重量			卧推 中等重量	
3		深蹲/硬拉 小重量			卧推 小重量		
4	深蹲/硬拉 中等重量			卧推 大重量			深蹲/硬拉 小重量

或者像下面这样。

周数	周一	周二	周三	周四	周五	周六	周日
1	卧推 大重量			深蹲/硬拉 中等重量			卧推 小重量
2			深蹲/硬拉 小重量			卧推 中等重量	
3		深蹲/硬拉 大重量			卧推 小重量		
4	深蹲/硬拉 小重量			卧推 大重量			深蹲/硬拉 中等重量

如果你是卧推专家，可以略过腿部和背部训练日（深蹲/硬拉训练日），使小重量和大重量的卧推训练日间隔4~5天。罗戈日尼科夫训练体系的效果是：仅用4~5个月的时间，使本已不俗的卧推成绩增加了50千克。作为提醒，罗戈日尼科夫警告说："不要在休息日加重肩膀和肱二头肌的负荷，不要进行拳击或摔跤运动。"你应了解自己的身体并善待它。

卧推

虽然我们知道，随着时间的推移，改变组数和重复次数对力量而言效果更好，但如果只能选择一种设置，3组、每组6次重复的参数是可行的，因为它达到了训练量与训练强度的完美平衡。美国研究员R. 伯杰（R. Berger）在1962年确立这个结论，如果他知道半个世纪之后，一位顶尖的俄罗斯力量举教练以这项成果为基础设计其训练计划，一定会感到无比骄傲和自豪。（5~6）/3的训练足以使人接近力竭。

很多人会问，为什么只有3组训练？我回答："实践和经验表明，经过3组训练后，90%的运动员无法像之前那样继续完成6次重复的训练。如果运动员还能完成一组6次重复的训练，那说明他们最初选择的训练重量有问题。如果你不能使用设定重量继续训练，强行训练只会使你变得疲惫。在疲惫状态下，你是无法取得进步的……强行增加训练组只会让你承受更多折磨，没有任何意义。所以3个训练组效果最佳。"

在每个卧推的大重量训练日，或者每4周一次的训练中，你将努力通过这3组训练提高成绩。你不必在3组训练中使用同样的重量。俄罗斯教练偏爱一种更灵活的方式，即首先估计第一组的6 RM，然后根据需要上调或下调第2组和第3组训练的重量。如果你需要在第2组训练之后再次调整重量，也是可以的。

关于辅助练习，如同西区杠铃俱乐部那样，罗戈日尼科夫并没有为胸大肌和三角肌安排额外的训练，而是非常注重锻炼肱三头肌以及背阔肌和肱二头肌。从一种肱三头肌的训练起始，以（12~15）/3的方式训练。然后以同样的方式完成背阔肌训练。

肘部屈肌的练习有两种，一种练习需要以掌心向上的方式抓握杠铃杆，另一种练习则以掌心向下的方式抓握杠铃杆。每组训练的重复次数可以高达20~30次。正如你所看到的，每组卧推要以大重量完成5次重复以提高成绩，而辅助练习的主要作用是增加肌肉泵感和燃烧脂肪。

6天后是小重量卧推训练日，整体较为轻松。用你在大重量训练日每组完成5~6次重复时所用的重量乘以65%~70%作为训练重量，以（8~10）/3的方式安排训练即可。辅助练习的训练可以与大重量训练日一样。当进行肱三头肌训练时，俄罗斯教练坚持认为，最重要的是不要做加重肘部负担的动作。

再次强调：不要做任何加重肘部负担的肱三头肌练习。

没有哪种练习是不可替代的。对于三种力量举主项练习之外的任何练习，任何之前从未接触该练习的人都可能成为该项目的冠军或纪录保持者。

再经过6天就是中等重量训练日。现在你可以使用西部杠铃俱乐部风格的器械、链子和阻力带了。康斯坦丁·罗戈日尼科夫并没有做新的尝试，而是坚持路易·西蒙斯的建议：使用无装备辅助情况下最好成绩的50%~55%的重量完成3组、每组8次重复的训练。同时，以同样的标准完成肱三头肌、背阔肌和肱二头肌的健美训练。

随后的小重量训练可以重复之前的训练，或者可以安排一些其他符合"小重量训练日"要求的练习，比如哑铃推举。当下一个大重量训练日来临时，你要努力完成大重量的卧推训练，尝试打破个人纪录——仅限于重复次数。你应专注于每组5~6次重复的训练，也可以偶尔将每组的重复次数减少至3次，但要避开单次组和2次组的训练。最大力量法不是这个训练计划的组成部分。

深蹲和硬拉

罗戈日尼科夫认为："深蹲能够打破局面，给胜利带来希望，硬拉则决定你的胜利计划能否实现。"

应穿戴比赛装备训练深蹲。如果参加美国业余体育联合会的无装备比赛，你不应穿平角裤，但如果你是参加世界力量举协会的比赛，不要忘记穿戴好你的凯夫拉纤维装备。

在同一次训练中，要按先深蹲后硬拉的顺序进行训练。康斯坦丁·罗戈日尼科夫提醒说，深蹲在比赛中首当其冲，所以你必须习惯先训练它。硬拉安排在深蹲后而不是刚开始精力最为充沛时，可以防止你过高地估计自己在比赛中的硬拉力量。这位俄罗斯专家批评了盛行的单独训练硬拉的方法："你经常可以在赛场上听到运动员抱怨，'平时我可以完成5次这个重量的硬拉，但在比赛中我甚至一次都拉不起来！'我的方法能够为你展现真实的愿景。"

罗戈日尼科夫的深蹲预备训练周期与斯莫洛夫和国际力量举联合会的训练方式截然不同。他的第一次深蹲训练的百分比设定为60%，第二次设置为65%，第三次设置为70%，全部训练需要完成5~6次重复的3个训练组，而且要全程穿戴装备，这样你就能轻松应对俄罗斯力量举队的训练。这种风格属于比赛式深蹲，而非箱式深蹲。请注意，上述训练的微周期是6天。

一旦你进入状态，就可以开始大重量、中等重量和小重量的周期化训练了。教练提醒说，中等重量和小重量训练的目的是恢复。小重量和中等重量的深蹲训练日在训练结构上与对应的卧推训练日是相同的：分别完成每组8~10次重复的几组简单训练和以最好成绩的55%~60%的重量完成快速训练。

至于大重量训练日，它们是用来创造新的个人纪录的。例如，强迫自己以近期比赛式深蹲中创造的3 RM的纪录完成5次重复。在另一个大重量训练日训练箱式深蹲。穿戴好装备，系上腰带，使用达到比赛最好成绩85%的重量完成5次一触即离式的深蹲，箱子上表面比地面高出2~4英寸（5~10厘米）。稍事休息，再用达到比赛最好成绩90%~95%的重量继续完成5次重复。然后甚至可能使用超过之前最好成绩的重量，创造新的5次重复的个人纪录。

尽管罗戈日尼科夫的运动员参加世界力量举大会的比赛，并且他们的训练很大程度上受到世界拳击联赛训练方式的影响，但他们在深蹲时的双脚站距并不是很宽，而且脚是外展的，因此股四头肌肯定参与了运动。教练认为深蹲已经极大地锻炼了膝伸肌，没有必要继续对其施加压力了。不过髋部和上背部就没有那么幸运了。它们还要参与硬拉。

在第一次训练中，把杠铃放在½~⅔英尺（15~20厘米）高的木块上进行硬拉。使用比赛最好成绩（不同于在木块上硬拉的最好成绩）80%~85%的重量完成（5~6）/3的训练。罗戈日尼科夫解释了自己选择的动作幅度的合理性，他指出，现代的硬拉装备主要在硬拉的最初⅓~½英尺（10~15厘米）发挥作用，然后就没什么效果了，只留下肌肉与杠铃对抗。

第二次训练可以安排一些其他类型的拉力练习，例如，使用硬拉最好成绩80%~90%的重量完成8~10次的抓举耸肩训练，或者完成（8~10）/3的力量翻，或是直腿"早上好"。搭配阻力带或铁链的硬拉是最受欢迎的。俄罗斯队的教练喜欢这些练习，不仅因为它们可以增强锁定力量和上背部力量，而且因为它们能够提高技术。应选择足够小的重量（比如最好成绩的60%~65%的重量），这样可以在不压迫中枢神经系统的情况下实现完美启动。阻力带或铁链可使锁定位置的阻力总和达到最好成绩的90%~100%。这种训练不宜使用装备。

如果深蹲训练是训练重点，那么你可以把硬拉训练安排得轻松一些。你可以磨炼技术，或者把完整的动作幅度拆分成几段。你也可以快速硬拉，或者只是调动参与硬拉的肌群。当然，如果你的深蹲训练只是8~10次小重量深蹲或者快速深蹲，那你需要重点训练硬拉。

在第二轮深蹲和硬拉的特别训练中，教练列出了½~⅔英尺（15~20厘米）高度的箱式深蹲，用于拉伸髋部。中等高度的箱子有助于训练硬拉的启动部分。当举重运动员的背部受伤时，相比腿举，罗戈日尼科夫更喜欢把阻力带辅助的深蹲作为首选的腿部练习。双脚间距较宽的"早上好"练习和跳跃深蹲也是可以的。使用你的最好成绩的40%~45%的重量完成全幅度的深蹲，并以最快的速度和节奏重复8~10次。将杠铃一直加速到动作顶部，但不要在动作的最高点或最低点停留。这种练习并不安全，所以俄罗斯专家提醒，要保持脊柱刚性锁定，并将杠铃杆向你的身体方向拉住，使其不会在背部上下弹跳。保持硬拉锁定姿势的训练是有益的。从框式深蹲架的高位保险杠上拉起最大重量，然后保持尽可能长的时间，最好可以坚持20~30秒。

开始深蹲，挺直背部，手持杠铃，每组完成20~25次重复，安排2~3组。罗戈日尼科夫喜欢用这种方式完成所有的下半身训练，以刺激背部肌肉，加速其恢复。

在不损害计划重要性的前提下，俄罗斯教练指出，如果你感觉完成计划十分困难，你必须放松。"我只要求，你不要把懒惰和对重量的恐惧与真正的疲劳混为一谈！"他提醒说，你能够通过几次训练克服生理上的问题，然后随着训练压力的增加，你会发现自己深陷过度训练的泥潭。如果你感觉热身强度偏大，罗戈日尼科夫建议取消当天的训练计划，改做小重量、大训练量的训练，每组的重复次数不低于10次或12次。"计划不是死板的教条，"罗戈日尼科夫补充说，"同样，如果你觉得中等重量训练前的热身十分顺利，可以尝试创造新的个人纪录，比如3~5 RM的单组重复次数纪录。虽然罗戈日尼科夫鼓励在休赛期创造辅助练习的新纪录，但他提醒说，这些纪录应该是重复次数的记录，而不是最大重量的纪录。5 RM，而不是1 RM。"

这位俄罗斯专家建议你使用这个体系训练3~4个月。这么长的训练周期可以使你的身体适应俄罗斯队参加世界力量举大会的训练节奏。你不能指望一夜之间就有结果。你可以随意尝试各种练习，但不要改变负荷参数——组数、重复次数和重量。

峰值训练

俄罗斯队的教练已得出结论，比赛周期应该持续8~9周。你的训练日程和训练频率仍保持不变，但要去掉中等重量的训练，只交替安排大重量和小重量训练。确保把大重量卧推安排在大重量深蹲和大重量硬拉之前，而不是相反的顺序：大重量卧推-休息2天-大重量深蹲和大重量硬拉-休息2天-小重量卧推-休息2天-小重量深蹲和硬拉，如此重复。大重量训练日要佩戴全部装备。

将辅助练习保持在最低限度，并在整个峰值训练周期内保持不变。罗戈日尼科夫坚持传统观点，认为比赛期不是修补弱点的时候。尽管罗戈日尼科夫的训练体系与西部杠铃俱乐部的训练体系之间存在诸多相似之处，但你会发现，他的训练体系在赛前的2个月窗口期内并未安排特定的高强度训练。他甚至会宽容忘记或跳过辅助训练的举重运动员。在装备辅助的卧推训练之后，教练唯一不愿妥协的问题是，结缔组织必须得到充分的舒展。

小重量卧推训练1

在无装备辅助条件下，以（8~10）/（3~4）的方式训练卧推，每组专门留出一次重复，专注于技术训练。肱三头肌、背阔肌和肱二头肌的每种练习按顺序以（20~25）/（1~2）的方式完成。享受这个过程，把它们当作甜点。这种训练被称为"最小重量训练"，其目的是为肌肉和结缔组织泵送血液，以帮助它们恢复。

小重量深蹲/硬拉训练1

从正确的深蹲开始，以熟悉的6/3模式训练，但使用的重量较轻，只有1 RM的60%~65%。然后以15/3的方式训练比赛式硬拉，训练重量为1 RM的45%~50%。是以一触即离的方式完成每次重复，还是每次重复保持适当的停顿，由你来决定。可以佩戴护腕。

罗戈日尼科夫强调，在比赛周期中，辅助练习只有一个作用，即促进身体恢复。握持重量放在胸前、以（20~25）/（1~2）的方式训练的负重山羊挺身和反向山羊挺身都符合要求。教练会让运动员自由发挥，安排腹部和小腿的训练。很多人喜欢使用驴式提踵机。

大重量卧推训练1

这位俄罗斯专家为穿着卧推服时最好比赛成绩达到200千克的卧推运动员提供了以下热身范例。空杆×20/2，60千克×10/2，100千克×5，125千克×3，150千克×1，全部在无装备条件下完成。然后穿上卧推服，戴上护腕，系上腰带，加上4.8~6.0英寸（12~15厘米）厚的搁板，完成170千克×2的卧推。

正式训练组沿用6/3的模式，仍然需要搁板辅助。通常俄罗斯女士使用1.5~2.8英寸（4~7厘米）厚的搁板，俄罗斯男士使用2.8~4.0英寸（7~10厘米）厚的搁板。俄罗斯人从美国人那里了解到，这个距离对应着卧推服停止发挥作用的点，这个点的肌肉力量需要加强。估计你在搁板卧推中的6 RM值，并努力完成目标。如有必要，可以在接下来的两组训练中调整重量。组间休息5~10分钟。3组训练完成后，换下卧推服，以熟悉的辅助练习结束训练。

大重量深蹲/硬拉训练1

使用2.8~4.0英寸（7~10厘米）高的箱子，完成6/3的全装备深蹲——这个深蹲幅度要比大腿上表面平行于地面的标准深蹲略小。罗戈日尼科夫为能够深蹲250千克的运动员准备了以下热身范例。空杆×15/2，100千克×8，130千克×3，150千克×1，175千克×（1~2）。然后第一个正式训练组，230千克×6，只需臀部刚刚碰到箱子。一旦你的臀肌或内收肌接触箱子，就要用力起身。如果你感觉重量偏轻，下一组训练可以增加重量，比如240千克×6；如果增加重量后你仍然感觉良好，可以增加重量至250千克，完成最后一组的6次重复。

这位俄罗斯专家还警告说，深蹲装备和卧推服会使举重运动员的血压升高，可能导致健康问题。如果你的血压接近红线，他也不得不允许你把每组的重复次数减少到6次以内。即使你的血压没有问题，罗戈日尼科夫也反对在全装备条件下完成1次以上的全幅度深蹲，因为装备和全动作幅度会对身体形成双重挤压，这往往会使血压升高，接近红线。

无装备力量举比较安全，问题是，谁想来？

接下来，完成简短的热身之后开始硬拉训练，专注于斜方肌的发力技巧。你可以从½~⅔英寸（15~20厘米）高的木块上起始比赛式硬拉，仍然保持3组、每组6次重复的训练模式。你得自己估计好训练重量。罗戈日尼科夫认为，这个重量可能接近你的比赛最好成绩。你可以系上腰带，但要系在服装装备外。

小重量卧推训练2

训练安排与小重量卧推1相同。

小重量深蹲/硬拉训练2

训练安排与小重量深蹲/硬拉训练1相同。

大重量卧推训练2

训练安排与大重量卧推训练1相同。寻求创造新的6 RM的搁板卧推个人纪录。如果在最后一组训练中，重复次数下降至4次或5次，也无须懊恼。

大重量深蹲/硬拉训练2

这轮训练与大重量深蹲/硬拉训练1相似。唯一的不同是把3个大重量的6次重复的深蹲训练组换成了最大高度的箱式深蹲。至于硬拉，因为是部分动作幅度的，此时使用的重量会超过你的比赛最好成绩，你需要具备非常强大的心理素质。仍然坚持6/3的训练模式，并争取创造新的6 RM的个人纪录。

小重量卧推训练3

这一次，你需要穿着卧推服完成1英寸左右（2.5~3厘米）的搁板卧推，并专注于磨炼比赛技巧。对于比赛卧推重量达到200千克的运动员，可以使用该重量67%~72%的重量，或者135~140千克的重量，完成6个2次组的训练。为了避免听到抱怨，教练补充道："如果你不能把如此小的重量放低至胸部，就说明你的卧推技术远没有磨炼到位……我愿意和任何一位卧推运动员打赌，在第一次训练时，我们就可以让他将重量达到最大重量的50%~60%的杠铃放低到搁板上，甚至是胸部。"

卧推训练后，做一些熟悉的辅助训练。

小重量深蹲/硬拉训练3

全装备状态下完成标准深蹲，使用最大重量的65%的重量，完成5~6个单次组训练，主要用于磨炼技术和控制速度。使用最大重量的45%~50%的重量，完成3组、每组15次重复的地面硬拉。然后安排一些辅助训练。

大重量卧推训练3

穿着卧推服，使用2.8~4.0英寸（7~10厘米）高的搁板训练1 RM的卧推。从6 RM起步，每次增加10千克重量，逐渐增加到你的最大重量，然后继续完成1~2个单次组训练，这是比较理想的。当你准备结束训练的时候，请以"完成组"为训练收尾。比如，对一个卧推最好成绩达到200千克的运动员来说，其"完成组"应使用150~155千克的重量完成8~10次重复。之后安排一些辅助训练。

大重量深蹲/硬拉训练3

在全装备情况下，使用1 RM的90%的重量完成4~5个单次组的比赛式深蹲训练。如果这个重量是根据最近一次的比赛最好成绩计算得到的，并且你感觉完成得较为轻松，那就不要害怕增加一些重量，只要没有超出你的最大重量就好。让你的训练伙伴发出指令，就如同在比赛中那样。这次训练可以帮助你建立应对比赛的信心。

全装备，使用1 RM的85%~90%的重量完成3~4个单次组的比赛式硬拉训练。如果你感觉重量偏小，可以继续增加重量。在全力以赴之前，给自己一个"适应调整"的过程。

之后安排一些辅助训练。

小重量卧推训练4

训练安排与小重量卧推训练3相同。

小重量深蹲/硬拉训练4

戴上护膝，使用1 RM的60%~65%的重量完成6/3的标准深蹲训练。然后在全装备条件下训练硬拉。使用1 RM的60%~65%的重量，完成6个单次组的训练，主要磨炼技术和控制速度。

之后安排一些辅助训练。

大重量卧推训练4

穿着卧推服，戴上护腕和腰带，以接近最大的重量，逐渐达到可以完成4~5个单次组或2次组训练的程度，配合1.0~1.5英寸（2.5~3.5厘米）高的搁板进行卧推。这位俄罗斯教练警告：对于全装备的卧推训练，训练组数和组内重复次数的设置要保守。组数太多会伤害肌腱和韧带，重复次数太多会导致血压飙升。

之后安排一些辅助训练。

大重量深蹲/硬拉训练4

这是最大负重的深蹲训练日。硬拉可以安排得轻松一些，使用1 RM的60%~62%的重量完成（6~8）/3的训练即可。适当安排一些辅助训练。

小重量卧推训练5

无装备卧推训练，（8~10）/（3~4），每组安排1次非完整动作幅度的训练。可以转入辅助训练环节。

小重量深蹲/硬拉训练5

佩戴护膝，使用1 RM的60%~65%的重量完成6/3的标准深蹲训练。不安排硬拉训练。适当安排一些辅助训练。

大重量卧推训练5

全装备，以最大重量完成比赛式卧推训练。这个重量可以让你对2周后的比赛重量有所了解。适当安排一些辅助训练。

大重量深蹲/硬拉训练5

热身，使用比你在最后一个大重量训练日完成1 RM测试时举起的重量小30~50千克的重量，完成1~2个单次组的比赛式深蹲。这是本次训练的开场白。然后完成最大重量的硬拉训练，并适当安排辅助训练。

小重量卧推训练6

训练安排与小重量卧推训练5相同。

小重量深蹲/硬拉训练6

这是比赛前的最后一次腿部和背部训练。戴好护膝，使用1 RM的65%~70%的重量完成6/3的标准深蹲训练，适当加入辅助训练。

小重量卧推训练7

以（6~8）/（2~3）的模式训练，选择介于轻松与力竭之间的重量训练。跳过辅助训练。根据你的恢复速率，可在赛前4~7天安排这个训练。

为什么要这样做

这位俄罗斯力量举队教练总结了为什么他的训练体系如此有效。

"没有必须达到的强制性的RM百分比。在大重量训练日，你能够举起的重量是基于你当天的感觉确定的。多亏了小重量训练与大重量训练交替安排，关节和结缔组织才不会过度过载。在这个训练体系中，运动员由于之前每周进行数次相同的训练导致的典型的慢性损伤会消失，身体会痊愈。训练之间较长的休息时间和训练负荷的合理分配可以让身体及时恢复，最重要的是，可以增强身体的力量潜能。"

如果你被各种鼓吹西部杠铃的声音诱惑，无法面对比赛举重项目的5次训练组，那么这种俄罗斯训练体系很可能适合你。"积蓄力量，建立信心，弥补短板——那么你就可以创造新的个人纪录！"杰出的俄罗斯教练康斯坦丁·罗戈日尼科夫承诺道。

"特定变式"：通过可靠的辅助练习变得更强

第一部分：理论

俄罗斯教练列夫·施普茨（Lev Shprints）讲了一个有趣的故事：一群年轻的俄罗斯举重运动员有幸在一天内遇到了两位举重传奇人物，并向他们学习举重经验。

"你是举重运动员，"举重奥运冠军列昂尼德·扎鲍廷斯基（Leonid Zhabotinsky）说，"这很好。但是把自己局限在杠铃训练上是不对的。你也应该参加一些田径运动，踢踢足球，打打排球。"

然后，他们求教于马戏团大力士、壶铃大师和力量举重运动员瓦伦丁·迪库尔。"我给你们一个建议，"这位硬拉成绩超过1000磅（453.6千克）的大力士说，"如果你想成为冠军，就必须全身心地投入到举重训练中，不要被足球、篮球等运动分散精力。"

我没有期望加入"足球-篮球"训练和专注于举重训练的争论会在短期得到解决，我也不想陷入这样的争论中。这部分章节的目的在于，为你提供恰当的辅助练习，从而可以绝对地、积极地提高你的力量举成绩。"足球-篮球"和其他运动或许也能够有所帮助，但是任何带有"可能"的东西都不会载入这部分章节。朋友，这里只有万无一失的经验！

我将首先介绍俄罗斯教授阿列克谢·梅德韦杰夫（Alexey Medvedev）和雅罗斯拉夫·雅库边科（Yaroslav Yakubenko）对力量举练习的分类。注意，虽然这里我主要使用力量举练习举例，但是这些原则适用于任何你想要提高的举重练习，无论是硬拉、杠铃力量翻、壶铃推举、倒立撑，还是其他一些练习。

力量举练习分类（梅德韦杰夫和雅库边科）

1. 比赛式举重项目
2. 专项准备练习
3. 其他提高性练习

只有比赛式深蹲、卧推和硬拉，或者俄罗斯人所说的"经典练习"，才能归为第一类。

梅德韦杰夫和雅库边科指出，第二类练习在协同搭配方面与比赛式举重项目相似，同样需要使用大重量训练。他们强调，"这类练习是运动员准备阶段的主要练习，因为它们可以同时（以协同搭配的方式）发展特定的身体素质，完善运动员比赛式举重项目的技能。"

第三类练习由"提高性"练习组成，对特定肌群具有局部的强化效果。通常，这类练习使用的阻力较小，其训练模式可能与比赛式举重项目十分不同。"它们不仅使用杠铃，也可以使用机器、壶铃和其他类型的阻力工具。"这两位俄罗斯教授解释道。在他们列出的练习中，包含壶铃实力举和腿举等练习。

第二类练习，或者说是力量举的变式，是本章的重点。关键在于，这些练习与比赛式举重项目十分相似，是少数可以利用的、可靠的辅助练习。只有这样的练习才能确保对特定举重项目有益的神经适应性和肌肉增长。

这些练习有效至少有两个原因。第一，它们属于"特定变式"，能够提供新颖、特定的训练刺激；第二，可以动员之前未使用过的运动单元和薄弱肌群参与运动，建立新的力量增长点。

1）"特定变式"提供新颖的、特定的训练刺激

一方面，适应的生物学规律说明，生物体对给定刺激的反应会随着时间的推移而降低。换句话说，某个练习重复训练的时间越长，效果就会越弱。因此，训练必须引入变化。另一方面，存在对施加的刺激的特定适应性法则。换句话说，为了擅长某种练习，你必须训练它。

所以，有效的训练必须是异曲（形式不同）同工（效果相同）的！柴商斯基1995年的研究报告指出，对专一性和多样性的需要之间的矛盾是精英运动员训练面临的主要问题之一。

使用比赛式举重项目的不同变式训练，可以帮助举重运动员解决这个难题，并取得持续的进步。关于举重运动员面临的刺激，V. I. 罗迪奥诺夫（V. I. Rodionov）1967年的研究报告强调了改变握姿、杠铃或脚的位置、卧推上斜角度等方面的重要性。他强调，在训练中引入这种微小的变化能够减轻疲劳，并获得更为明显的适应性反应。加尔哈默（Garhammer）1981年的研究同样证实，使用同一练习时，手或脚的位置，或者身体姿势的细微变化都有助于持续增强力量。

俄罗斯体育科学的先驱之一，尼古拉·奥佐林（Nikolay Ozolin）在运动专项准备原则中列出了多样性和新颖性原则。这一原则规定了"形式和内容不同"，但运动员的运动需求仍然具有针对性的练习。"多组训练的练习应该形式多样（动作形式、抓握方式、器械和其他条件），但要使用相同的肌群，以同样的状态训练。这样可以增加训练的多样性，并能减轻心理压力。"西部杠铃俱乐部的运动员在卧推动态训练日使用三种握距训练，就是这种理念实际运用的典型例子。这就是俄罗斯专家所说的特定变式。

奥佐林提供了不同运动项目的各种特定变式的示例，包括从不熟悉的高度跳水、从高出跑道的跳板上跳远、从比标准跳板弹性更强或更弱的跳板上做体操动作、同时用两个球打乒乓球、站在一个直径较小的高架圆形平台上抛掷锤子，等等。投掷运动员投掷各种器械是路易·西蒙斯最喜欢举的例子。"这个体系可以改善技术动作，并获得非凡的力量。"

2）动员和强化以前未使用的运动单元和薄弱肌群

特定变式为力量举运动员或任何其他力量型运动员带来的第二个好处是，可以动员和强化以前未使用的运动单元和薄弱肌群。

如果运动员因为动力链中某个环节的薄弱限制了整个动力链的性能，遇到了训练瓶颈，柴商斯基建议改变训练，以不同的方式重新分配训练负荷，而不是孤立训练薄弱肌群。你可能会问，为什么？孤立薄弱肌群并加以强化，健美运动员的练习库里有数百种练习可供选择，何乐而不为？问题在于，这样做的最终结果很可能是，在你选择的练习上，你的力量有所增加，但对应的力量举项目所需的力量并未得到相应的增强，薄弱肌群的肌肉沦为了毫无价值的累赘。

迪格比·塞尔（Digby Sale）和他的研究小组发现，肌群中的单块肌肉，甚至单块肌肉中的运动单元，都具有高度运动特异性的激活模式。换句话说，在深蹲和腿屈伸时，股四头肌发挥作用的部分不是完全相同的。迪格比·塞尔解释说："只有对于运动中运动单元被激活的肌纤维，诱发肌肉生长的效果才是最佳的，对于不相关的肌肉，可能还会适得其反。这一点对于需要高力量-体重比的运动项目尤其明显。"

肌肉生长如此特异，神经适应性必须更为特异，才是符合逻辑的。卧推冠军乔治·哈伯特（George Halbert）评论道："我和我的训练搭档使用同样的练习（5个板位的锁定练习），但只有我的锁定力量得到了提高，而他的锁定力量却停滞不前。为什么会这样呢？我认为造成这种现象的原因有很多，但技术水平是首要的原因。"

除非你选用的特定变式可以模拟比赛举重项目的技术，否则你可能会错过机会。路易·西蒙斯警告说："记住，当你在完成'早上好'练习时，你的大脑必须精确地复制硬拉动作。相比通过'早上好'练习来提高你的硬拉力量，提高'早上好'本身的力量并不那么重要。你要记住的是，在完成'早上好'时应使用与训练硬拉时相同的身体力学。"

美国加州大学洛杉矶分校运动控制实验室主任理查德·施密特（Richard Schmidt）博士解释说，每个技术动作都具有不变性（根本的、不变的特征）和表面特征（可以进行调整以适应当前需要的特征）。施密特用唱片做了一个类比。唱片中录有一首歌曲，你可以把它看作一个通用的运动程序，比如，深蹲技术。它是不变的。但你可以以不同速度播放唱片，可以调整音量的高低，可以选择不同的音箱。深蹲站姿或深度的变式，不同类型的杠铃杆、阻力带和链子，这些属于表面特征。改变它们不会改变基本的深蹲运动程序。

相对时机也是一种不变性。通过推动斜方肌，挺直上背部发力推动杠铃杆来起始深蹲的起身过程，是相对时机的一个例子。你可以使用不同的杠铃杆，如果你改做前深蹲或者泽奇深蹲，你甚至可以把杠铃杆放在身前，但你仍然需要挺直你的上背部起始上升过程，而不是用腿提供驱动。

另一个时机的深蹲例子来自西部杠铃俱乐部，他们会通过将髋部向后推来保持身体开始下降的时机不变。对训练国际力量举联合会深蹲的俄罗斯运动员来说，这样做会使膝盖和髋部同时受伤。作为不变性的参数，改变它就意味着改变整套技术动作。快速或缓慢上升是其表面特征。

精心挑选的特定变式在弥补薄弱环节方面的作用值得特别关注。

当肌肉处于最有利的力学状态时，肌肉是最活跃的。根据训练中的杠杆情况，某些肌肉无法获得有利的杠杆作用，因此训练效果会落后于其他肌肉。"如果三个举重运动员都做哑铃推举，"路易·西蒙斯解释道，"那么这三位运动员最先消耗的肌群不太可能都相同。可能一个人的胸肌会首先疲乏，第二个人可能是肱三头肌首先达到极限，第三个人可能三角肌消耗得更快一些。只有极少数的举重运动员会出现三个肌群同时疲劳的情况。"很显然，如果你追求最大力量，第三种情况就是你的目标，因为它可以动员"最大量"的肌肉参与运动。塞尔等研究人员试图通过先前未被激活的运动单元的动员来解释力学机制类似的不同练习获得的力量可用于增强其他练习的力量这种现象——这正是我们所追求的。

如果某个环节非常弱，神经系统的适应性（神经可塑性）就会开始发挥作用，并命令较强的神经中枢接管任务。这种补偿导致薄弱部分搭便车，从而变得更弱。例如，中风患者手指活动不便，但肩膀和手臂健康，其手指力量会持续流失，因为在运动皮层中代表手臂和肩膀的区域会压倒较弱的、负责手指的区域。可以通过限制手臂和肩膀的活动，阻止神经的这种蜕变，迫使手指执行属于自己的命令。

同样的道理，一个综合素质不佳的硬拉运动员会自然地利用其强壮的背部。这样他的背部会越来越强壮，而他的腿和髋部的训练会持续滞后。像对待中风那样，力量举运动员必须有意识地限制较强壮的肌群，以迫使薄弱肌群发挥作用。非常重要的一点是，这个目标需要通过某个硬拉变式，而非深蹲、腿举或腿屈伸来实现。也就是确定一种硬拉变式，迫使力量举运动员使用他的腿训练。背后硬拉就是这样的练习。

深蹲或腿举可能也会成功，背后硬拉一定能成功。你要如何选择？

不要把背后硬拉与哈克深蹲混为一谈。前者是把杠铃杆放在背后的传统硬拉变式。后者是重心放在脚掌上，双手"铐"在一起放在腰部完成的。训练背后硬拉时，注意不要让你的髋部首先抬起，否则你就是在做丑陋的直腿硬拉！允许使用与常规硬拉相差不多的重量。106磅（48.1千克）的壶铃可以阻止大多数强壮的人误入哈克深蹲的动作模式，因为这个工具可以提供可怕的杠杆作用。

背后硬拉是高度特异的针对传统的比赛式硬拉的辅助练习，很难找到比背后硬拉更好的、针对硬拉的腿部练习。路易·西蒙斯讲述了20世纪70年代初以181千克的体重硬拉700磅（317.5千克）的乔治·克拉克（George Clark）是如何利用背后硬拉作为主要的硬拉练习的。硬拉成绩870磅（394.6千克）的力量举运动员布拉德·吉林厄姆（Brad Gillingham）告诉我，他曾使用背后硬拉训练并取得巨大成功，后来因为体形过大无法舒服地完成这项练习，他才放弃了这项练习。对格斗运动来说，哈克深蹲是一个很好的练习，但它与硬拉大不相同，也无法为增强硬拉力量提供有效帮助。

RKC 学员杰夫·斯坦伯格（Jeff Steinberg）背后硬拉的完美示范照片，其所用杠铃重量超过 500 磅（226.8 千克），外加 75 磅（34.0 千克）的负重背心
照片由杰夫·斯坦伯格友情提供

让我们总结一下迄今所学内容

特定变式模仿运动员想要提升力量的举重项目。具体来说，特定变式通过提供新的刺激，动员新的运动单元，同时仍保持对特定举重项目的专一效果来增强力量。它们是最可靠的辅助练习。

比赛式举重项目的动作程序保持不变，发生变化的是一个或多个表面特征。以下是可变的表面特征的简短清单。

1. 站姿（包含站距）

2. 头部姿势

3. 握姿

4. 倾斜角度

5. 速度

6. 是否增加阻力带、铁链、水阻力等

7. 器械

8. 动作幅度

9. 重量的位移

10. 辅助装备

本文的目的并不是要让你相信，与你追求的举重变式关联不大的练习是完全没有价值的。我敢肯定，你遇到过通过腿举提高硬拉力量，通过臀腘挺身增强深蹲力量的人。显然，本章所引用的专一性研究并不绝对，也有例外。我的目的是为你提供确切的参考。其他练习可能也会有帮助，但这些练习是经过千锤百炼确定有效的。

第二部分：方法

"硬拉可以使一些运动员的腿部力量增长较快，使另一些运动员的背部力量增长较快。即便使用的重量是相同的！这是客观现实，而非教练的失误！"来自乌克兰的世界冠军S. 格利亚迪亚（S. Glyadya）和M. 斯塔罗夫（M. Starov）教授说道。

回忆一下，前边提到的，当肌肉处于最有利的力学状态时，肌肉最为活跃的论断。可能是你的股四头肌，而非背部肌肉处于这样的力学状态，也可能是相反的情况。特定变式的用武之地就在于消除这种不确定性。

你应首先用基础的力量举练习完成基本训练，具体来说，在训练深蹲、卧推和硬拉满1年之前，你不必考虑任何辅助练习。不管你之前"训练"了几年甚至几十年，你需要参考的是，真正训练这些力量举练习的时间。

　　在那之前，至少有两个理由鼓励你坚持使用基础练习。首先，对初学者来说，没有任何变式的训练收获最大。因此，你完全可以等到真正需要的时候再把额外的力量增长策略拿出来用。其次，一个人在精通某个主题之前是无法围绕该主题即兴发挥的，就像你不可能要求一个无法流畅演奏乐谱的音乐专业的学生进行即兴演奏一样。同样的道理，如果你连正常的深蹲都无法完成，你最不需要做的就是额外挑战新站姿或者更换杠铃杆。国际力量举联合会美国女队的前教练、RKC大师马克·瑞夫金德（Mark Reifkind）多年前就将世界拳击联赛的训练方法纳入其训练体系中。尽管如此，他还是建议初学者在可以用传统的科恩式周期化训练法熟练驾驭基础练习之前，远离西部杠铃俱乐部风格的训练。俄罗斯队教练鲍里斯·谢科警告说，排名低于CMS（Candidate to Master of Sport）的运动员不应该站在4~6英寸（10~15厘米）高的箱子上训练深度硬拉。他解释道，不同的起始位置可能会对尚不稳定的比赛式硬拉技术的形成产生负面影响。所以，在力量训练的早期阶段，你要忽略变式，专注于以低重复次数、中等训练强度和高频率的训练方式雕琢基础练习。

　　专注赋予你力量！

　　上述规则也存在例外，比如运动员存在臀肌健忘症等功能障碍。在这种情况下，运动员需要进行矫正训练。相关处方应由专业理疗师，而不是你的健身伙伴提供。如果需要，你可以通过网站（www.functionalmovement.com）联系格雷·库克（Gray Cook），他是美国著名的体育教练，很多超级碗比赛的球队都是他的客户。

　　一旦你获得了可观的力量——以健身房的标准，而非力量举的标准衡量——你可能想要在训练中加入特定变式。请注意，我说的是"可能"，而非"必须"。许多精英力量型运动员使用的练习很少，他们的训练高度专业化。

　　他们是怎么做到的？当问及像保加利亚举重运动员和俄罗斯力量举运动员如何通过高度专业化的训练取得成功时，路易·西蒙斯指出，他们在比赛式举重项目中拥有完美的杠杆。这些运动员已经弄清楚了什么是完美的杠杆，他们甚至用"模范运动员"这样的术语来描述拥有它的举重运动员。美国力量举全国冠军和国际力量举联合会美国队总教练迈克尔·哈特尔（Michael Hartle）博士将俄罗斯国际力量举联合会举重运动员与俄罗斯套娃进行了类比：它们的体型会随着重量等级的不同而变化，但它们的制作方式是相同的。这个比方非常有趣。

　　西蒙斯提醒说，不能通过官方的无变式训练提高力量的保加利亚举重运动员会被官方放弃。"……如果五个举重运动员站成一排，你会发现，某些人的斜方肌较为发达，而竖脊肌不够强壮，还有一些人臀肌很发达，其他肌群则平淡无奇。这是因为他们的身体结构不同。特定的练习可以平衡这种情况，"路易继续补充说，"只有对于特定举重项目具有理想身体结构的人，才能通过该项目的训练达至顶峰。"

显然，你不必为所有的基础练习配备辅助练习，而只需针对那些存在薄弱环节的练习。例如，你可以只训练标准硬拉，同时针对卧推增加一些变式练习。

特定变式训练法1

有很多方法可以将"异曲同工"的练习融入你的训练中。一种方法是使用经典的力量周期化训练计划，具体来说，是在比赛式举重项目的基础上，穿插几个4~6周的特定变式训练周期。

我在《超越健美》（*Beyond Bodybuilding*）一书中解释了4~6周时间框架的原因。这些建议只适用于那些安排周期化训练的人，不适用于西部杠铃俱乐部风格的训练者。世界拳击联赛的训练体系则是具有其自身逻辑的独立系统。

首先，你需要设计好比赛式举重项目的训练周期，然后在此基础上决定特定变式的数量，并相应地安排好它们的周期。

例如，你正在进行一个12周的硬拉训练周期，比赛则在第13周，你会每周安排1次硬拉训练。你需要根据经验来决定赛前中止辅助训练的时间点。如果你缺乏这样的经验，可以在比赛前的2周内停止辅助训练。按照上面的例子，你有11周的时间安排特定变式训练。这样的话，你可以为一种辅助练习安排6周的训练周期，为另一种辅助练习安排5周的训练周期。

如果将杠铃拉离地面是你的薄弱环节，你可以选择背后硬拉和抓举硬拉这两种练习来弥补弱点。你可能会纠结，应该先安排哪种练习。通常来说，背后硬拉比抓举硬拉带给背部的压力更小，因此，为了保持背部力量充沛，背后硬拉更适合安排在接近比赛的时间段。

如果你从来没有训练过抓举硬拉，可以在你的第一次训练中体验一下用力收缩臀肌来移动杠铃的技术！然后逐渐增加训练难度，完成一系列简单的5次重复的训练组。例如（225×5，275×5，295×5）等。记住，你要每周逐渐增加杠铃的重量，而不是一次性加至最重，并且到第6周时，你要全力完成5次重复组的训练。

每周重复上述程序，逐渐增加重量，完成更重的5次重复组。永远不要忘记，你应为第6周的全力硬拉训练保存力量，为此需要非常保守地增加重量，通常每周增加10磅（4.5千克）。

在你完成最大重量的训练后，可以使用较轻的重量安排几组退行组训练，例如275×5/2。可以将其安排在接下来的一周。

如果你最近完成了某个练习的训练周期，可以继续制订一个5次重复组的反向训练周期。例如，你已经完成了365×5的训练，可以以10磅（4.5千克）的幅度递减：365、355、345、335、325、315，继续训练。

对于第2个辅助练习的周期，即为期5周的背后硬拉训练周期，你可以继续保持5次重复组的训练，或者随着比赛临近，将训练调整为3次重复组。如果你打算继续安排退行组训练，可以仍保持每组5次重复。

你可以从225×3，315×3，365×3，385×3，405×3的训练开始。下周可以调整为315×3，365×3，415×3，315×5/2。这样你就明白了吧。

如果采用非线性周期，需要确保长周期的推进和退行的波动与特定变式的训练周期保持一致。下面是800磅（362.9千克）的硬拉能人弗雷德·克拉里（Fred Clary）博士几年前分享给我的一个成功的硬拉周期示例。

1.　700×1
2.　700×1，630×2，600×2
3.　725×1，675×2，625×2
4.　750×1，700×2，650×2
5.　675×3/3
6.　675×1，550×1/6
7.　710×1，600×1/5
8.　比赛：800×1

转换成预计最好成绩的百分比，这个计划看上去是这样的。

1.　87.5%×1
2.　87.5%×1，79%×2，75%×2
3.　90.5%×1，84.5%×2，78%×2

4. $94\% \times 1$, $87.5\% \times 2$, $81\% \times 2$

5. $84.5\% \times 3/3$

6. $84.5\% \times 1$, $69\% \times 1/6$

7. $90\% \times 1$, $75\% \times 1/5$

8. 比赛：100%

如果不怕麻烦，你会发现前4周的基础练习的训练强度和训练量是逐渐增加的，然后会逐步递减。硬拉特定变式的训练模式与此相同，训练强度和训练量在第4周达到最高，训练强度百分比达到最好成绩的94%。此时，你只剩2周的辅助训练时间了，因为你需要在赛前的2周内停止辅助训练。2周时间不足以安排另一种辅助练习了——况且，训练周期也进入了递减阶段。最好的办法是使用与之前相同的特定变式，以训练强度递减的方式继续训练。你可以简单地在第5周和第6周重复第1周或第2周的训练内容，或者以其他较为随意的方式轻松训练。

下面是另一个例子，一个由俄罗斯举重运动员谢尔盖·伊斯托明（Sergey Istomin）提供的强力卧推训练周期。

1. $75\% \times 5/3$

2. $78\% \times 5/3$

3. $80\% \times 5/3$

4. $85\% \times 5/3$

5. $87\% \times 3/3$

6. $92\% \times 3/3$

7. $95\% \times 3/2$

8. $98\% \times 2/3$

9. $102\% \times 2/2$

10. $105\% \times 2/2$

11. 比赛

仔细观察数字，你会看到，伊斯托明在前4周的卧推训练都是每组5次重复。在第5周，虽然重量仍在增加，但因为每组的重复次数减少到3次，训练整体上比之前变得更容易。之后，训练强度仍在继续增强。第4周则是结束第一种特定变式训练周期的时间节点。如果你要在赛前的2周内停止辅助训练，剩下的5周时间允许你安排另一种特定变式的训练周期。

如何通过特定变式训练变得强大

· 坚持至少 1 年的低重复次数的基础力量举项目的训练。

· 之后，如果你的进步速度放缓，可以考虑加入特定变式的训练。

· 特定变式模仿运动员想要提升的基础力量举项目。它们是最可靠的辅助练习。

· 在训练特定变式时，可以改变以下一个或多个表面特征。

1. 站姿（包含站距）　　2. 头部姿势　　3. 握姿

4. 倾斜角度　　　　　　5. 速度

6. 是否增加阻力带、铁链子、水阻力等　　7. 器械

8. 动作幅度　　　　　　9. 重量的位移　　10. 辅助装备

· 以比赛式举重项目为基础，按照经典的力量周期化训练计划训练，并在其中穿插
几个 4~6 周的特定变式训练周期。

· 首先设计好比赛式举重项目的训练周期，一般为 6~12 周。

· 将一个或多个 4~6 周的特定变式训练周期纳入训练主周期中。

周期化训练要点

· 最后一个特定变式的训练周期应在主要举重项目的峰值出现前 2 周达到峰值，除
非你的经验告诉你其他选择。

· 如果你的长训练周期是非线性的，那么辅助练习的训练周期在设计时应与比赛式
举重项目的训练周期同步进退。

· 每周训练一次基础举重项目及其变式。

· 如果你是一个专业的力量举运动员，请在单独的训练日训练卧推及其辅助练习，
在深蹲训练结束后进行相应的深蹲辅助练习的训练，在硬拉训练结束后进行相应
的硬拉辅助练习的训练。

· 如果你只是擅长单一举重项目，你的基础举重项目及其变式可以各自在单独的训
练日进行，这样有助于在基础举重项目之间留出更多的休息时间，比如，周一训
练卧推，周四训练卧推辅助练习；周二训练硬拉，周五训练硬拉辅助练习。

· 在你的第一个特定变式训练中，请使用比较保守的 5 次重复训练组，并且每次训
练都要增加重量，并在 4~6 周达到训练峰值。

特定变式训练法2

还有一种更简单的方法，可以将特定变式训练融入你的训练中。以基础举重项目的某个变式开启训练周期，一旦你感觉负荷开始变得沉重，就切换至基础举重项目的训练。

对训练传统硬拉的运动员来说，相扑硬拉是一种极好的特定变式。使用传统硬拉开始训练，并在临近比赛时切换至相扑硬拉训练，这是相扑硬拉运动员常见的训练策略。由于某种原因，这个可靠的策略很少被训练传统硬拉的运动员使用。西部杠铃俱乐部运动员玛丽亚·利格特（Maria Liggett）是一位体重132磅（59.9千克）、硬拉成绩485磅（220.0千克）的运动员，她以相扑式站姿训练硬拉，并参加传统硬拉比赛。这种训练方式可以大幅强化臀肌。臀肌的转位角度（肌纤维运行的方向）使其在相扑站姿中具有更好的力学优势。这就是为什么你经常遇到屁股扁平的传统硬拉者，却很难在相扑式训练人群中找到一个这样的人。相扑站姿会教给臀肌在所有的硬拉训练中保持活跃。

重要的是，不要让你的相扑硬拉变成双手握杠的深蹲，或者变成拉伸髋部的练习，而要模仿传统硬拉。采用中等程度的，而不是特别宽的站距，较窄的握距，不要下蹲得太低。想想科恩、约翰·因泽尔（John Inzer）、波蒂尼（Podtinny），使用与常规硬拉相同的节奏伸展身体。开始时要夹紧两侧臀部，并全程保持臀肌用力收缩，直到杠铃锁定。使用35磅（15.9千克）的杠铃片可大致匹配传统硬拉的距离。

对于决定使用相扑硬拉的方式训练的传统硬拉运动员来说，约翰·因泽尔的硬拉风格非常契合
照片由《美国力量举》杂志友情提供

使用比你平时用的重量小一些的重量开启训练周期，因为相扑硬拉的最大重量低于传统硬拉的最大重量。一旦感觉负荷开始变得沉重，但仍未达到最大值，就切换至传统硬拉的训练模式。一个能够硬拉500磅（226.8千克）的训练者的训练周期可能是这样的。

1. 315 × 5/2相扑硬拉
2. 335 × 5/2相扑硬拉
3. 355 × 5/2相扑硬拉
4. 375 × 5相扑硬拉
5. 395 × 5相扑硬拉
6. 415 × 5
7. 435 × 5
8. 455 × 3
9. 475 × 3
10. 495 × 2
11. 比赛

特定变式训练法3

RKC学员杰夫·斯坦伯格以168磅（76.2千克）的体重多次完成600磅（272.2千克）的无装备相扑硬拉，他有一种简单可靠的方法训练特定变式。杰夫每4~5天硬拉1次，他会选择针对自己薄弱肌群的硬拉变式（比如，传统硬拉或背后硬拉），以每组3~5次重复的方式起始训练，并以3个单次组的相扑硬拉结束训练。当一种硬拉变式的收益枯竭时，他会更换另一种变式。

斯坦伯格的模板虽然简单，但在保罗·安德森的传统训练体系中是非常科学的。你已经知道，为什么特定变式训练获得的力量可以如此高效地转化为基础举重项目所需的力量。背靠背地安排辅助练习的训练和基础举重项目的训练，使得这种力量转化过程更加可靠。当安德森把力量举的基础项目和辅助练习放在一起周期化地安排训练时，他已经直观地理解了这一点。他会首先完成几次深蹲，然后休息一会儿，完成一组"早上好"，之后继续完成更多的深蹲。保罗通过这样的训练方式"协调"辅助练习和基础的力量举项目建立的力量。现在，我们知晓了他所做的事情及其发挥作用的内在原因。经常相互靠近激发的神经元倾向于交叉连接，并成为单个神经网络的一部分。结果，在斯坦伯格的示例中，背后硬拉用到的肌肉和之前在相扑硬拉中未被使用的肌纤维融合在了一起。

简单来说，如果你在基础硬拉中没有感觉到特定肌群被激发，现在你可以感觉到了。这些由特定变式训练激活的肌群会在一段时间内保持状态，并融入随后的基础力量举项目中。

总结一下这种方法：每种特定变式安排4~6周的训练周期，每组训练包含3~5次重复，没有退行组，之后再使用1 RM的80%~90%的重量完成若干基础力量举项目的单次组训练。

杰夫·斯坦伯格的基础力量举项目的单次组训练所用重量很大，高达1 RM的95%。除了少数天赋极高的运动员，大多数举重运动员会因为定期使用如此大的重量训练硬拉而身体崩溃。如果你打算短期使用斯坦伯格风格的训练，可以把单次组的重量保持在1 RM的80%~90%。可以尝试得克萨斯冠军和纪录保持者帕特里克·沃克曼（Patrick Workman）的周期化训练体系。在第一次训练中，使用1 RM的80%的重量完成2个单次组，第二次训练把重量增加到1 RM的85%，第三次训练把重量增加到1 RM的90%。然后再次循环，并且每次训练都比之前增加5~10磅（2.3~4.5千克）的重量。经过几轮（通常是3轮）这种逐渐走高的波动化训练后，达到最大值。

正如里夫（Rif）教练所说的："在比赛中发挥力量，在训练中弥补弱点。"

第三部分：练习

有效的力量举特定变式足以写满一本书。为了使清单简短一些，下面列出的每种练习必须满足以下标准：高度特异性、不为人所熟知，并且不需要复杂的装备。

泽奇深蹲

泽奇深蹲，一种可以让你的硬拉和深蹲力量飙升的练习。

深度深蹲

俄罗斯人很少命名练习，通常是用乏味的描述来称呼它们。比如，他们会把"早上好"练习描述为"手握杠铃身体前屈"。但接下来要提到的这个练习很特别，因为它不仅有名字，而且还有三个："深度深蹲""水井深蹲"以及"金字塔硬拉"。你自己选择吧。

深度深蹲也是一个能够提高深蹲和硬拉力量的双重练习。谢科表示，深度硬拉对于训练股四头肌和硬拉起始阶段极其有用。身体要下蹲到大腿上表面低于其水平的位置，谢科说。他还推荐用深度硬拉来打磨

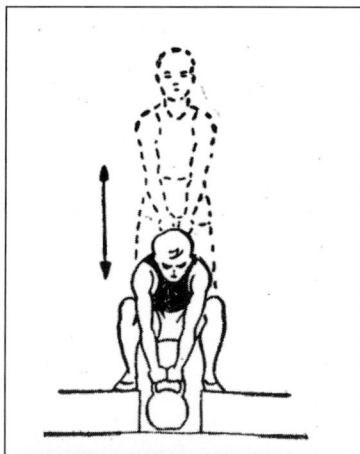

杰出的苏联教练季亚奇科夫（Dyachkov）1966年训练跳远运动员的文本中绘制的深度深蹲图

深蹲技术。为此，你需要使用比赛站姿。

初学者通常用壶铃来完成这个练习。如果想加大重量，你需要一种特殊装备，一个包含短手柄并可堆叠杠铃片的装备，比如丹·约翰设计的"核心爆破器"。个子高的运动员需要更长的管子来叠加更多杠铃片。丹的网站上（www.danjohn.org/II7.pdf）有一篇文章，可以教你仅用15美元利用在五金店购买的零件制作"核心爆破器"。

一个训练壶铃挥摆的完美而沉重的装备

如果你想完成重量非常大的壶铃挥摆，"核心爆破器"就是你的答案。它最多可以装入 5 片 45 磅（20.4 千克）的杠铃片，这个重量远远大于你需要挥摆的重量，并且与壶铃相比，它的杠杆长度更长。

丹·约翰与他的"核心爆破器"。即便只装入了两片杠铃片，"核心爆破器"挥摆也足以让人望而生畏，因为残酷的杠杆效应
照片由丹·约翰友情提供

负重腰带深蹲

购买一条负重腰带，只把重量挂在前面的扣环上，如果前后都挂，你的身体会过于直立，从而影响深蹲或硬拉的路径。为了提高深蹲力量，在到达动作底部时不要放松身体。硬拉与之不同，在动作底部应释放身体张力，然后从完全静止的状态重新启动。你可能需要站在木块上。"核心爆破器"也可以派上用场。

硬拉至膝盖

硬拉至膝盖的练习在俄罗斯很受欢迎。俄罗斯力量举队主教练鲍里斯·谢科解释说，这个练习有助于磨炼硬拉启动阶段的技术。

它没有修正纯粹主义者认为残暴的加里·海西（Gary Heisey）的方法，但确实帮助加里·海西将力量提升至顶峰，使他在40年前创下925磅（419.6千克）的、空前的硬拉纪录。他每周训练2次硬拉，每次训练以4组拉至膝盖高度的硬拉开始，每组安排3~8次重复，具体重复次数取决于距离比赛日的远近。然后他会进行锁定训练。他的这种训练法成为俄罗斯精英力量举运动员训练的主要方式。

谢科有时会在将杠铃硬拉至膝盖时增加3~5秒的停顿，从而进一步增加训练难度。他还喜欢在一次完整的重复后衔接一次部分动作幅度的重复，以获得更好的技术和力量整合效果。

值得一提的是，该练习适用于任何类型的硬拉训练者。

硬拉之王加里·海西
照片由《美国力量举》杂志友情提供

抓举硬拉

这种宽握距的硬拉在芬兰很流行，这是有原因的。这种变式能够发展硬拉的启动力量，因为宽握距延长了硬拉距离。还有一点需要注意，抓举硬拉只能以传统的方式完成。

使用类似于奥林匹克举重风格的（肩胛骨内收靠近）传统硬拉训练者，或者相扑硬拉训练者都会发现：抓举硬拉有助于他们恰到好处地锁定背部，形成精确的运动路径。圆背式传统硬拉训练者更适合站在箱子或100磅（45.4千克）的杠铃片上训练传统硬拉，这样不会造成上背部运动技能学习的混乱。

抓举硬拉至膝盖是上述两种硬拉变式的强力组合。

悬挂硬拉

谢科推荐用这个练习提高技术和启动阶段的速度。传统上，力量举运动员会从一次普通的硬拉起始，然后有控制地将杠铃杆放低至膝盖以下，停顿片刻，然后爆发式地再次拉起杠铃。

根据我的经验，对那些在硬拉之前很难收紧肌肉的力量举运动员来说，这是一个很不错的练习。其效果与停顿深蹲相似。可以考虑使用35磅（15.9千克）的杠铃片或者站在一片45磅（20.4千克）的杠铃片上，使杠铃"悬挂"在地面上方确切的高度，以开始比赛式的硬拉训练。

梅德韦杰夫和雅库边科把从膝盖下方起始拉至膝盖上方的悬挂硬拉作为一项特别的硬拉训练准备练习。这种硬拉练习不仅可以强化硬拉所需的核心区力量，而且能够发展无缝衔接的、"无须更换装备"的硬拉技术和非常精确的硬拉路径。萨卡里·塞尔凯伊纳霍（Sakari Selkainaho）介绍说，他的芬兰同伴汉努·萨雷莱宁（Hannu Saarelainen）使用小重量、高重复次数的方式训练该练习，并将动作幅度控制在8~10英寸（20.3~25.4厘米），结果极其成功地克服了黏滞点的障碍。

这种练习变式适用于任何类型的硬拉。

中央支点硬拉

这是另一个来自俄罗斯的招牌练习。将杠铃杆平衡放在一个细窄的木块上，木块并未完全达到举重者的膝盖高度。运动员分开双腿跨在木块两端，使用较宽的、抓举的卧姿握杠。宽握距弥补了从较高位置起始硬拉造成的动作幅度减小的问题。

　　谢科推荐爆发式地完成这个练习的向心阶段，慢速完成其离心阶段。在放低杠铃时稍微弯曲膝关节，并且这个过程必须做得非常精确，因为木块只有几英寸宽。这个练习会强烈刺激你的下背部，谢科如此承诺。

　　虽然这个练习是以传统站姿完成的，但它同样可以增强你的相扑硬拉力量。

背后硬拉

　　正如我在本章第一部分中提到的，对传统硬拉训练者来说，背后硬拉可以说是最佳腿部练习。

胯下硬拉

　　这种练习在美国被称为杰斐逊深蹲，是一种极度刺激股四头肌，能够强化硬拉启动力量，并帮助你获得完美背部姿势的练习。

　　双腿跨在杠铃杆两侧。此时的杠铃杆不是正放在身前，而是应斜插入双腿之间。调整身体呈青蛙站姿，双脚间距宽于传统硬拉中的双脚距离，但小于相扑硬拉中的双脚距离，脚尖外展超过45°。双手交错对握，以获得较宽的握距——大多数训练者的双手会勉强落在滚花边缘之内——小心地站起来，注意不要让杠铃杆旋转。

　　用135磅（61.2千克）的重量，尝试调整站姿和握姿，直到获得良好的硬拉感觉为止。有些力量举运动员喜欢用非对称的方式抓握杠铃杆，还有一些人喜欢用一条腿承担大部分的重量，就是与身后的那条手臂靠近的腿。慢慢尝试，直到找到最佳姿势。

蛙式硬拉

　　来自日本的力量举大师稻叶秀明（Hideaki Inaba）的蛙式硬拉打破了相扑硬拉和传统硬拉的分类，带有芭蕾舞式屈膝。

　　双脚的姿势与胯下硬拉一样，但

经验丰富的力量举和全能举重运动员约翰·麦基恩（John McKean）展示胯下硬拉
照片由约翰·麦基恩友情提供

稻叶秀明的蛙式硬拉允许你把自己"楔
入"杠铃杆和地面之间
照片由《美国力量举重》杂志友情提供

杠铃杆保持在身前。保持身体直立，"双脚用力将地板向外推"，就好像要把地板分开一样。

这个练习可以帮助你练就强大的硬拉启动力量以及坚持尝试令人畏惧的大重量所要具备的耐心。

单臂前硬拉

这是一种绝妙的"超越特异性"练习。负荷偏移可以最大限度地动员腹斜肌和臀中肌，从而使你可以在比赛中充分利用它们。可以以相扑硬拉或传统硬拉的方式训练该练习。

泡沫垫硬拉

苏联伟大的举重运动员尤里·弗拉索夫曾经说过，当他举起杠铃时，他的双脚在"燃烧"。如果你在硬拉时很难"脚下生根"和运用双腿发力，路易·西蒙斯的这个练习很适合你。

"站在一张很薄的泡沫垫上，它会使你的双腿进入举重模式中，"这位西部杠铃俱乐部的创始人说道。站在泡沫垫上会使你产生强烈的双脚离地的感觉。这将迫使你格外努力地"将双脚钉在地板上"。在开始硬拉之前，你会用力向下挤压泡沫垫，以获得双脚挨到坚实地面的感觉。

桥式卧推

俄罗斯著名教练伊戈尔·杰列维扬科（Igor Derevyanenko）塑造了卧推世界冠军康斯坦丁·帕夫洛夫这样的力量举明星，后者以123磅（55.8千克）的体重取得了卧推414磅（187.8千克）的成绩。他最喜欢的卧推辅助练习之一就是老式桥式卧推。把脚放在卧推凳上，抬起髋部，起杠，然后卧推。

康斯坦丁·帕夫洛夫把桥式卧推作为一种特定变式
照片由《美国力量举重》杂志友情提供

约翰·麦基恩在车库里训练桥式卧推
照片由约翰·麦基恩友情提供

这个练习并不安全。有经验的观察者和能让你的双脚踩牢的坚实的卧推凳都是必不可少的。在地板上完成这个练习可能是更好的选择。小心不要撞到肋骨。确保把重量压在肩部而非颈部，因为这不是一个颈桥练习。如果你的颈部有问题，就不要考虑这个练习了。

桥式卧推旨在训练运动员使用双腿发力和利用胸廓弹性的能力，并通过推起比标准卧推更大的重量来建立信心。例如，帕夫洛夫的全装备卧推成绩为352磅（159.7千克），而他的无装备桥式卧推成绩高达418磅（189.6千克）。这项练习完美补充了将在卧推章节中详细描述的独特的俄式卧推技术。事实上，它也是开始磨炼俄式卧推技术的好的入门练习。

"异曲同工"带给你力量！

第二章

深蹲

斯莫洛夫梦魇，如何在13周内增加100磅（45.4千克）深蹲重量

如果你只是兴致勃勃地读了标题，当心一无所获。在这个13周的俄式训练周期中，有2个4周的负重训练模块，其中任何一个都能帮助你获得比大多数为期1年的美式深蹲训练更多的成果。这不是在开玩笑。当然，为此你必须付出心血和代价，朋友。

这个超级训练周期是由运动大师谢尔盖·斯莫洛夫设计的，它的原貌是这样的：

1. 热身或维持性训练

2. 预备微周期——2周

3. 基础小周期——4周

4. 过渡训练——2周

5. 高强度小周期——4周

6. 减量训练——1周

7. 比赛

预备微周期能够让你在1周内恢复至目前最大深蹲重量的90%，并为随后的魔鬼训练做好准备。

接下来的4周每天都如"万圣节"。但这绝对值得，体型较大的男子能够在基础小周期将其深蹲成绩提高10~30千克，即使是体重较轻的训练者也可以将其深蹲成绩提高5~7.5千克。

"过渡训练"阶段延长至2周，专门用于弹震式训练和补偿性加速训练。该阶段的目的是通过不同类型的刺激训练你的神经系统，使其能够更好地适应接下来的慢速大重量训练。你应该十分感激，在基础小周期之后能够安排这样一个可以稍作休整的训练阶段。

高强度小周期是另一个异常残酷的4周。这一阶段将助力你将深蹲成绩继续提高15~20千克。

最后1周，在开始下一轮俄式训练周期之前，你应逐渐减量，如果之前的训练属于

过度训练，把这一周当作假期对待吧。

第13周，你要进入赛场争取胜利。

如果在经历了长期停训后，你打算用斯莫洛夫的超级训练周期开始训练，则需要首先安排2周的预备微周期训练。俄罗斯力量举运动员和作者将为你展示如何在3天内恢复到之前峰值状态的90%。

第1天　　　65%×8/3，70%×5，75%×2/2，80%×1
第2天　　　65%×8/3，70%×5，75%×2/2，80%×1
第3天　　　70%×5/4，75%×3，80%×2/2，90%×1

这里的百分比是根据你在停训前的无装备最大深蹲重量制订的。在预备微周期的第1周，接下来的3天时间里训练弓步，重点是最大限度地拉伸大腿。在第2周，每隔1天以80%~85%的强度训练。在预备微周期的第2周，你必须达到在该强度下完成一个5次重复训练组的程度。享受痛苦。

谢尔盖·斯莫洛夫坚持在预备微周期中加入爆发力练习：跳过各种障碍物、跳远、跳马，等等。不过，这位俄罗斯体育大师建议你远离深蹲跳；因为在当前的训练状态下，剧烈的爆发式练习会损伤你的膝关节。

无论处于哪个阶段，谢尔盖·斯莫洛夫建议，都应把俄罗斯奥林匹克举重运动员视为"长程拉力"的练习加入热身运动中。长程拉力练习是一种没有任何屈膝动作的抓举练习。斯莫洛夫将其加入到下面的经得起时间考验的热身套餐中。

1. 抓举长程练习×（3~5）次，然后进行练习2；
2. 颈后宽距推举×（3~5）次，然后进行练习3；
3. 颈后深蹲×（3~5）次。

在斯莫洛夫的热身训练中，上面的练习需要进行4~5组。我相信，如果你把颈后深蹲换成过顶深蹲，效果会更好。后者非常适合发展特定的深蹲柔韧性，并能迫使运动员严格执行良好的技术动作。

"进入此门者，必须放弃一切希望。"这是写在但丁（Dante）的《神曲·地狱》（*Divine Comedy Inferno*）篇中地狱之门上的铭文，可以毫不夸张地形容4周的基础训练周期。这是一个来自俄罗斯的训练计划，因此，如果你认为只有周一训练深蹲，然后一周剩余的时间可以用来应付辅助练习，那么你就过于天真了。朋友，无论你喜不喜欢，一周要安排4次深蹲训练。如果你打算逐渐将每组的重复次数增加至5次或其他次数的话，那你还会面临其他的问题。预计的训练负荷计划为，以1 RM的80%的重量完成7组5次重复的训练，以1 RM 的85%的重量完成10组3次重复的训练!

斯莫洛夫基础训练周期

周数	周一	周三	周五	周六
1	70% × 9/4	75% × 7/5	80% × 5/7	85% × 3/10
2	(70%+10kg) × 9/4	(80%+10kg) × 5/7	(75%+10kg) × 7/5	(85%+10kg) × 3/10
3	(70%+15kg) × 9/4	(75%+15kg) × 7/5	(80%+15kg) × 5/7	(85%+15kg) × 3/10
4	休息	休息	测试你的1 RM	

看看这个表格，你已经累了，对吧?

这是一个休赛期的训练计划，所以百分比是基于你目前的1 RM制订的。如果你对公制和英制单位没有概念，可以做一个估计。如果你的杠铃片标注单位是磅，把数字减半就是相应的千克数，例如30磅相当于15千克。以缓慢到中等的节奏增加负重，激进的节奏不适合这个阶段。

在最后的环节，你的训练重量应努力达到或者接近你的最大负重，以确定你当前的水平。如果你不想在周六以外模拟比赛，你可以把训练日提前1天，这样训练安排就变成了周二、周四、周六和周日。你甚至可以在最大负重的训练日参加一个不太重要的比赛，选择保守的无装备辅助重量进行试举以增强信心。

面对这个残酷的训练周期，狂热的支持者认为，只要活过这4个星期，你的腿将变成汽车千斤顶。但是，不论结果多么令人鼓舞，在完成基础训练周期的最后一次训练后，你的训练都应立即减量! 这样的训练方式会将你的力量和恢复力推至极限，如果持续训练超过1个月，你必定会深陷过度训练的泥潭。

为期2周的"过渡训练"就是为了让身心在赛前得到恢复。除了推荐每周1~2次的离心深蹲，所有的举重练习和辅助练习都要以最大的爆发力完成。各种类型的跳跃、背负小重量杠铃的深蹲跳等都包含在内，补偿性加速的腿举和类似的练习也要以最大的爆发力完成。从深蹲的黏滞点爆发力量的练习是另一种非常适合过渡训练阶段的练习。谢尔盖·斯莫洛夫解释说: "过渡训练的要义是速度。与其他事情一样，你要改变节奏。"

在2周的过渡训练后，这种俄式训练计划会带给训练者另一个为期4周的大重量训练小周期。它由莫斯科的奥林匹克举重和力量举教练I. M. 费杜列耶夫（I. M. Feduleyev）设计，专门用来培养全国实力前八名的选手。如果条件符合，你可以仅用1个月将深蹲成绩再度提高15~20千克。

费杜列耶夫高强度训练周期

周数	周日	周二	周五
1	65%×3，75%×4，85%×4/3，85%×5	60%×3，70%×3，80%×4，90%×3，85%×5/2	65%×4，70%×4，80%×4/5
2	60%×4，70%×4，80%×4，90%×3，90%×4/2	65%×3，75%×3，85%×3，90%×3/3，95%×3	65%×3，75%×3，85%×4，90%×5/4
3	60%×3，70%×3，80%×3，90%×5/5	60%×3，70%×3，80%×3，95%×3/2	65%×3，75%×3，85%×3，95%×3/4
4	70%×3，80%×4，90%×5/5	70%×3，80%×3，95%×3/4	75%×3，90%×4，95%×4/3

如果你对第2负荷周期中每周只安排3次深蹲训练感到兴奋的话，那么在阅读了这些数字之后，你还是会萎靡不振。费杜列耶夫的训练方案要求以81%~90%的训练强度完成超乎想象的深蹲次数：134次或总训练负荷的44%。这简直是非人道的。你还要以目前1 RM的95%的重量来完成3组4次重复的训练，这些数字意味着两件事。第一，你将变得令人难以置信的强壮；第二，很多时候，你更希望你还有勇气面对这样的训练。

如果你认为斯莫洛夫的超级训练周期只有服用类固醇的运动员才能承受，那你就

戴维·布拉肯博士证明，不依靠药物的举重运动员和举重大师可以在斯莫洛夫训练方案中生存并茁壮成长
照片由《美国力量举》杂志友情提供

错了。美国博士戴维·布拉肯（David Bracken）以165磅（74.8千克）的体重取得了深蹲606磅（274.9千克）的成绩，并因此赢得国际力量举联合会大师赛冠军，他证明了，斯莫洛夫的深蹲超级训练周期适用于不依靠药物的精英举重运动员。他在《美国力量举》杂志中介绍斯莫洛夫的训练方案时这样写道："在审查了该方案所涉及的训练量之后，你和你的同伴肯定会抱怨只有服用了类固醇的人才能每周完成这么大的深蹲训练量。的确，一开始我也是这样认为的，直到我的健身房中有人进行了尝试。他的深蹲成绩提高得异常惊人。之后我也多次尝试了这种训练方案，并且通过了多次药检。既然大师和初级训练者都能够在不依靠药物的情况下执行这项训练方案，你为什么不能呢？"

穿戴比赛装备，以中等速度起身。根据2周前你新建立的1 RM计算百分比，并根据你现在的装备情况进行调整。

这种训练方案是为通过大训练量/高强度训练强化自身的运动员而设计的，训练者应该可以在两次训练之间完全恢复。注意，每周二的训练应使用最大负荷，相应地，随后你要休息2天。如果你的身体状况不够好，无法承受这样的训练负荷，并且在第二周结束时感到疲惫不堪，费杜列耶夫教练允许你在不减少组数和重复次数的情况下，将所有训练组的训练重量减轻5%~7%。

以上训练周期已帮助运动员获得了强大的力量，现在你面临的艰巨任务是在此基础上使力量达到峰值状态。在距离比赛还有1周时，斯莫洛夫推荐安排1周的减量训练，并在训练中穿戴全套比赛装备，使自己接近比赛状态。

减量训练

时间	日程安排
周日	70%×3，80%×3，90%×5/2，95%×4/3
周一	休息
周二	75%×4，85%×4/4
周三	休息
周四	休息
周五	休息
周六	比赛

这位俄罗斯教练承诺，最初一周的高负荷训练不会带来负面影响。鉴于你已经历了3个月的残酷训练，他的说法可能是对的。休息是一个相对概念。

如果你满足各种能力要求，可以试试这个俄式超级训练周期。斯莫洛夫承诺，你会获得惊人的结果。

里亚宾尼科夫方案：另一种世界级的俄式深蹲训练周期

俄式力量举训练方案有两个共同点。第一，它们非常枯燥无聊，并且三种比赛项目的训练量异常残酷。第二，它们非常有效。如果你在健身房寻求力量而非娱乐，那么以下由国际体育大师奥列格·里亚宾尼科夫（Oleg Ryabinnikov）设计的深蹲训练方案十分适合你。

这个训练方案是专为在准备阶段建立力量基础而设计的。训练者每周训练2次深蹲，但同样允许降低训练频率。

里亚宾尼科夫的训练周期由5个短周期组成，每个短周期包含5次训练。

第1周期

除了腰带，训练者不能穿戴任何装备。

"Y"指你在无装备条件下，完成2组8次重复的深蹲训练所用的重量。无装备最好成绩的70%是一个很好的起步重量。如无特别说明，Y的默认单位为千克。

从照片中弗拉德·马尔科夫斯基（Vlad Markovsky）的表情可以看出，俄式深蹲训练十分残酷
照片由《美国力量举》杂志友情提供

训练1 Y × 5/5

训练2 ［Y+（10~20千克）］ × 3/5（重复次数/组数）

训练3 ［Y−（5~10千克）］ × 6/4

训练4 ［Y+（15~30千克）］ × 2/4

训练5 ［Y+（5~10千克）］ × 4/5

第2周期

第2周期与第1周期基本相同，只需为所有训练组增加5千克重量。

第3周期

增加宽松的护膝。此时的"Y"值是你在第1周期第2次训练中使用的重量。即训练重量增加了10~20千克，还不赖。

训练1 Y × 5/4

训练2 ［Y+（10~20千克）］ × 3/3

训练3 ［Y−（5~10千克）］ × 6/3

训练4 ［Y+（15~30千克）］ × 2/3

训练5［Y+（5~10千克）］×4/3

第4周期

重复第3周期，并为所有训练组增加5千克重量。

第5周期

此时"Y"值为你在第3周期第2次训练中使用的重量。稍微系紧护膝，但使其仍松于比赛需要的程度。

训练1 Y×5/3

训练2［Y+（10~20千克）］×3/2

训练3［Y−（5~10千克）］×6/2

训练4［Y+（15~30千克）］×2/2

训练5［Y+（5~10千克）］×4/2

以表格形式显示的话，里亚宾尼科夫的训练周期是下面这样的。

里亚宾尼科夫准备阶段

训练	第1周期	第2周期	第3周期	第4周期	第5周期
装备情况	只佩戴腰带	只佩戴腰带	佩戴腰带和宽松的护膝	佩戴腰带和宽松的护膝	佩戴腰带和稍紧的护膝
起步重量	Y=无装备条件下1 RM的70%	Y在第1周期的基础上增加5千克	Y为第1周期中第2次训练使用的重量	Y在第3周期的基础上增加5千克	Y为第3周期中第2次训练使用的重量
训练1	Y×5/5	Y×5/5	Y×5/4	Y×5/4	Y×5/3
训练2	［Y+（10~20千克）］×3/5	［Y+（10~20千克）］×3/5	［Y+（10~20千克）］×3/3	［Y+（10~20千克）］×3/3	［Y+（10~20千克）］×3/2
训练3	［Y−（5~10千克）］×6/4	［Y−（5~10千克）］×6/4	［Y−（5~10千克）］×6/3	［Y−（5~10千克）］×6/3	［Y−（5~10千克）］×6/2
训练4	［Y+（15~30千克）］×2/4	［Y+（15~30千克）］×2/4	［Y+（15~30千克）］×2/3	［Y+（15~30千克）］×2/3	［Y+（15~30千克）］×2/2
训练5	［Y+（5~10千克）］×4/5	［Y+（5~10千克）］×4/5	［Y+（5~10千克）］×4/3	［Y+（5~10千克）］×4/3	［Y+（5~10千克）］×4/2

当然，如果你没有标注单位为千克的杠铃片，只需将给定的数字乘以2，并增加相应的磅数。

在增加重量时，里亚宾尼科夫给出的是一个范围，而不是一个具体数字。你需要根据你的深蹲重量和体重级别进行调整。很显然，体重越大、深蹲成绩越高的力量举运动员，每次的重量增幅应更大，反之，重量增幅应越小。在我看来，大多数力量举

运动员都能够使用推荐范围的上限数值训练且依然状态良好。里亚宾尼科夫的训练方案很艰苦，但并非不切实际。顺便说一句，如果将来你打算使用斯莫洛夫的深蹲训练周期测试自己的男子气概，那么相对轻松一些的里亚宾尼科夫的训练方案会对你有所帮助。

让我们来看看，一个名叫鲍勃（Bob）、体重110千克的运动员，是如何运用该训练方案，在无装备条件下创造265千克深蹲个人纪录的。如果他雄心勃勃，决定使用里亚宾尼科夫推荐增幅的上限数值增加或减轻训练重量，那他只需每周安排2次深蹲训练，整个周期需要12周半；如果每2周安排3次深蹲训练，整个周期需要17周。

力量举训练周期示例

基于最大深蹲重量265千克和最大增幅制订

训练	第1周期	第2周期	第3周期	第4周期	第5周期
装备情况	只佩戴腰带 Y=185	只佩戴腰带 Y=190	佩戴腰带和宽松的护膝 Y=205	佩戴腰带和宽松的护膝 Y=210	佩戴腰带和稍紧的护膝 Y=225
训练1	185 × 5/5	190 × 5/5	205 × 5/4	210 × 5/4	225 × 5/3
训练2	205 × 3/5	210 × 3/5	225 × 3/3	230 × 3/3	245 × 3/2
训练3	180 × 6/4	185 × 6/4	200 × 6/3	205 × 6/3	220 × 6/2
训练4	215 × 2/4	220 × 2/4	235 × 2/3	240 × 2/3	255 × 2/2
训练5	195 × 4/5	200 × 4/5	215 × 4/3	220 × 4/3	235 × 4/2

在周期结束时，一个明显更壮硕的鲍勃正注视着他磨破的大腿，并惊叹于他的进步。在完成255×2/2的训练之后，285~290千克的深蹲对他来说应该没有问题了。纸面上，鲍勃的深蹲重量增加了50~70磅（22.7~31.8千克），从585磅（265.4千克）增至635磅（288千克）。考虑到增加了护膝，实际的重量增长可能要稍低一点，但是对经验丰富的力量举运动员来说，这个成绩依然令人印象深刻。接下来鲍勃会穿上所有深蹲装备，进入峰值训练周期，我们拭目以待！

疯狂背后的逻辑

你可以马上停下来，把训练数字填入表格，然后进行深蹲训练。如果你明白自己在做什么，你会做得更好。

俄罗斯的军事领袖亚历山大·苏沃洛夫（Alexander Suvorov）曾经说过："每一位士兵都必须理解自己的行动。"

俄罗斯教练确信，训练量、训练强度、重复次数等训练参数需要在不同的层次上变化，每次训练、每周、每月，等等。因此，里亚宾尼科夫的训练方案有一些常用范例，或长或短。他会交替安排每组4~6次重复的训练和每组2~3次重复的训练，前者深受俄罗斯深蹲训练者的青睐，后者使用的重量更大，是打造持久的力量所必需的。

每次训练的训练量也要上下波动

训练量和重复次数

训练	第1周期	第2周期	第3周期	第4周期	第5周期
训练1	25	25	20	20	15
训练2	15	15	9	9	6
训练3	24	24	18	18	12
训练4	8	8	6	6	4
训练5	20	20	12	12	8

每次训练的重复次数在每个小周期的5次训练中规律变化，在所有的小周期中，序号相同的训练的重复次数呈递减趋势，并且，同步的变化还包括训练重量的增加和组数的减少。下面是一个示例。

起始1 RM为265千克	第1周期	第2周期	第3周期	第4周期	第5周期
训练1	185×5/5	190×5/5	195×5/4	200×5/4	200×5/3

现在把每个小周期完成的重复次数进行汇总。

周期	第1周期	第2周期	第3周期	第4周期	第5周期
重复次数总计	92	92	65	65	45

你会发现，随着训练强度的提高，在第2周期之后，里亚宾尼科夫削减了约30%的训练量；在第5周期时，他继续削减了约30%的训练量（相比最初的训练量则削减了50%）。训练强度则持续提高。这是经典的马特维耶夫（Matveev）训练模式。

如果你想了解这种周期化训练方案的进程和逻辑，请参考下一页的示例周期矩阵。

当你将里亚宾尼科夫的训练周期拆开时，你会发现，它既不花哨，也不时髦，只是20世纪60年代的经典周期化训练模型的灵活演绎罢了：在几个月的训练周期内，训练量逐渐减少，训练强度逐渐提高，同时每天和每周的训练也在一定范围内变化。艰苦的训练使你强壮。

示例周期矩阵

基于最大深蹲重量265千克和推荐增幅的上限制订

训练强度

%1 RM*	重量/千克	周期 1 训练 1	1 2	1 3	1 4	1 5	2 1	2 2	2 3	2 4	2 5	3 1	3 2	3 3	3 4	3 5	4 1	4 2	4 3	4 4	4 5	5 1	5 2	5 3	5 4	5 5
96	255																								255	
94	250																									
92	245																						245			
91	240																			240						
89	235													235												235
87	230																	230								
85	225												225									225				
83	220									220							220							220		
81	215				215										215											
79	210							210								210										
77	205		205								205								205							
75	200										200			200												
74	195					195																				
72	190						190																			
70	185	185							185																	
68	180			180																						

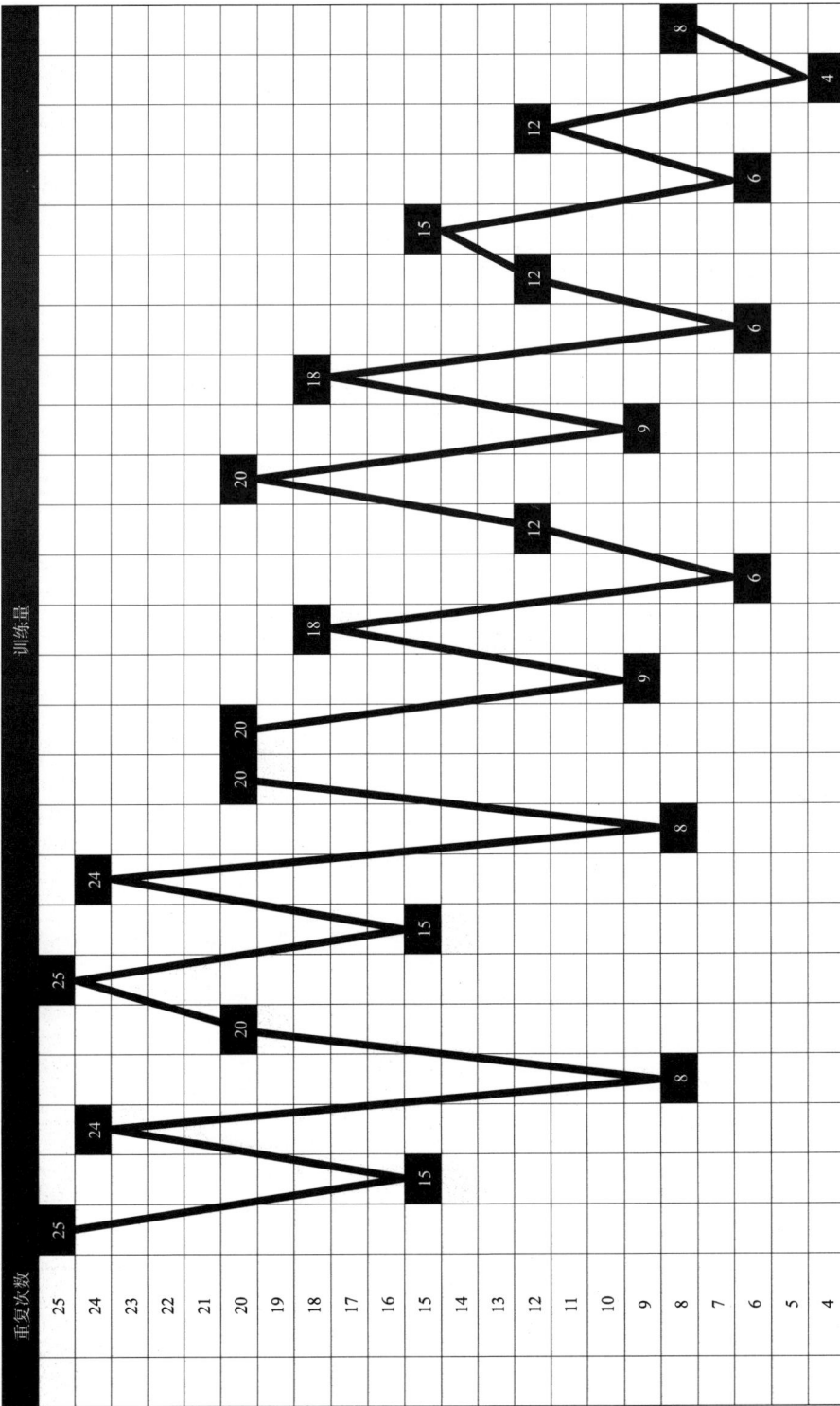

*1 RM 的百分比适用于特定示例。不同示例使用的百分比可能会不同，具体数值取决于你的重量增幅和你的 1 RM。

训练深蹲半年

"锋利的滚花刺入我的肩膀，冷漠的铁杠撕裂衣服和皮肤，但肌肉变得坚实，肌腱变得强韧，我必须克服重力努力向前。"格奥尔基·丰季科夫（Georgiy Funtikov）没有走任何弯路，经过短短5年的训练，他就赢得了国际力量举联合会初级力量举世界冠军。他的深蹲计划与他的诗一样简洁。

这位俄罗斯健将没有采用线性周期化训练计划。"通常，经典的力量周期化训练是从1 RM的70%的重量开始的（此类训练可以刺激肌原纤维生长），最终达到峰值状态时，训练者使用的训练重量可以达到1 RM的95%~100%。一旦接近峰值，肌肉会停止生长，反之亦然。"因此，格奥尔基设计了一个深蹲训练方案，以解决每次训练中的肌肉增长和力量的神经要素问题。前者需要75%~85%的训练强度，并以全装备状态完成2组，最多3组，每组3~5次重复的训练；后者由几组训练强度90%~130%的深蹲训练构成。组间休息至少5分钟。在训练强度最高的训练中，格奥尔基的组间休息时间长达20~30分钟。

这位冠军只对完成2组深蹲训练有强烈的感受。他断言，更高的训练量只能增加专项耐力，也就是使用相对较大的重量完成多组训练的能力。格奥尔基赞同马蒂·加拉赫的观点，后者喜欢完成1~2组大重量训练，然后休息1天的训练方式。"我认为你已经具备了在很长一段时间内以85%的重量训练的能力，"在我完成了多组5次重复的训练周期后，马蒂告诉我，"假如我们参加一个比赛，规则要求我们使用1 RM的80%~95%的重量完成多组，那么能够使用高百分比的重量完成6组训练效果会非常好。然而，如果比赛建立在完成105%重量的单次试举的基础上，那么可能需要不同的训练方案……"

撇开完全深蹲，借助框式深蹲架在杠铃杆上装载最大的重量。通过完美的技术动作完成起杠并背负杠铃走出深蹲架——磨砺这部分技术是格奥尔基选择这项练习的原因之

杠铃下的格奥尔基·丰季科夫

———然后将杠铃放低，放回保险杠上。这位俄罗斯力量举运动员喜欢在大重量训练日以比赛深蹲幅度的40%下蹲，在小重量训练日以低于比赛深蹲幅度2英寸（5.1厘米）的幅度训练深蹲。

格奥尔基介绍说，把杠铃杆放在保险杠上，然后起身。他强调，只要之前放低杠铃的路径非常完美，杠铃是不会偏离到其他位置的。这种技术的精确性是格奥尔基选择这项练习的又一原因。我建议训练者在杠铃杆碰触到保险杠后立刻起身，因为我们不是在训练硬拉。

格奥尔基深蹲周期

周数	全深蹲	部分幅度深蹲
1	1 RM的75% × 5，1 RM的80% × 4	1 RM的100% × 4/2（重复次数/组数）
2	1 RM的70% × 6，1 RM的75% × 5	1 RM的90% × 3/2
3	1 RM的76% × 5，1 RM的81% × 4	1 RM的102% × 4/2
4	1 RM的71% × 6，1 RM的76% × 5	1 RM的90% × 3/2
5	1 RM的77% × 5，1 RM的82% × 4	1 RM的104% × 4/2
6	1 RM的72% × 6，1 RM的77% × 5	1 RM的90% × 3/2
7	1 RM的78% × 5，1 RM的83% × 4	1 RM的106% × 4/2
8	1 RM的73% × 6，1 RM的78% × 5	1 RM的90% × 3/2
9	1 RM的79% × 4，1 RM的84% × 3	1 RM的108% × 4/2
10	1 RM的74% × 5，1 RM的79% × 4	1 RM的90% × 3/2
11	1 RM的80% × 4，1 RM的85% × 3	1 RM的110% × 3/2
12	1 RM的75% × 5，1 RM的80% × 4	1 RM的90% × 3/2
13	1 RM的81% × 4，1 RM的86% × 3	1 RM的112% × 3/2
14	1 RM的76% × 4，1 RM的81% × 3	1 RM的90% × 3/2
15	1 RM的82% × 4，1 RM的87% × 3	1 RM的114% × 3/2
16	1 RM的77% × 4，1 RM的82% × 3	1 RM的90% × 3/2
17	1 RM的83% × 4，1 RM的88% × 3	1 RM的116% × 3/2
18	1 RM的78% × 4，1 RM的83% × 3	1 RM的90% × 3/2
19	1 RM的84% × 4，1 RM的89% × 3	1 RM的118% × 2/2
20	1 RM的79% × 4，1 RM的84% × 3	1 RM的90% × 3/2
21	1 RM的85% × 4，1 RM的90% × 3	1 RM的120% × 2
22	2/3	—
23	2/2	—
24	赛前10天休息（或安排一些轻松的训练）	

设计者没有指定最后两次训练的百分比。因为这两次训练处于峰值训练期，应因人而异。格奥尔基在类似的训练周期中，训练22采用1 RM的86%的重量，完成3个2次重复组，训练23采用1 RM的90%的重量，完成2个2次重复组。如果喜欢，你可以参考格奥尔基的数字。

像20世纪70年代的美国力量举运动员一样，格奥尔基会戴上护膝，进行3~4组、每组8~15次重复的腿弯举训练和小腿训练。他对训练恢复和训练频率的看法也十分美式。俄式训练主张每周训练1次深蹲，大重量与小重量训练周交替安排。在小重量训练日，减少5%比赛式深蹲所用的重量，同时稍微增加每组的重复次数。在部分幅度的深蹲训练中，将深蹲幅度增加2英寸（5.1厘米），并将训练重量削减10%~30%。

格奥尔基个性化训练频率

较少休息	较多休息
慢肌纤维占主导	快肌纤维占主导
代谢速度快	代谢速度慢
体重大于100千克	体重小于80千克
天然雄激素水平高*	天然雄激素水平低**
合成代谢激素的利用大于"治疗"剂量*	无合成代谢激素利用**
有规律的生活方式	无规律的生活方式
*增加训练负荷比压缩训练周期更为可取 **相较于延长训练周期，降低训练负荷更可取	

格奥尔基的训练周期十分罕见，超长的训练周期只能获得非常保守的收益。虽然对大多数人来说，这个训练周期的提高效果过于保守，但如果你在这项运动中处于顶尖水平，在为每千克的力量增长而奋斗，那倒很适合。在我看来，一个精力旺盛的力量举运动员应通过增加深蹲频率至每周2次或2周3次的方式，将训练周期压缩为12或16周。如果你有耐心坚持24周的训练周期，你需要提高训练预期。一开始就选择较高的百分比并非好主意，因为训练周期起始的75%×5和80%×4并不难看。你应该借鉴弗雷德·哈特菲尔德博士的建议，并随着训练的推进，经常性地提高训练百分比。例如，一名中级运动员可以在每次大重量训练时安全地为其1 RM增加5磅（2.3千克）重量，并根据新数据计算训练百分比。如果你的起始最大重量是500磅（226.8千克），可以每隔一周增加5磅（2.3千克）重量，当你的最后一次大重量训练结束时，1 RM会增加至555磅（251.7千克），此时90%×3的训练已经相当于使用最初的1 RM训练了，这对一个中级力量举运动员来说，是一个颇为现实的6个月的训练目标。

我相信，格奥尔基·丰季科夫的训练计划有很多优点。其超负荷策略是有科学基础的，并非自我感觉。比赛式深蹲的负荷变化足以防止训练僵化，不会因为使用较小的重量训练感到厌烦，也不会把训练推到过度训练的边缘。由于效率很高，这个方案不仅适合力量举运动员，也适合其他项目的运动员。深蹲赋予你力量！

"深蹲生存系统"

将俄式与美式力量举训练方法相结合，你会得到什么？俄式训练的训练量可以契合美式训练的训练频率。

亚历山大·格拉乔夫（Alexander Grachev）是世界力量举大会100公斤级冠军。他在精英运动问题科学研究所（Scientific Research Institute of Problems of Elite Sport）工作，并对体育训练很有见解。他对维克霍山斯基、柴商斯基、梅德韦杰夫、谢科和其他一些极少被提及的训练方法多有批评。

亚历山大声称，"俄式体系"基于经验，而不是科学。他认为，谢科的训练方法是在梅德韦杰夫训练方法的基础上发展而来的，对力量举而言发挥不了多少作用，主要是因为力量举要比奥林匹克举重慢得多。此外，他还认为，针对初级运动员、中级运动员的谢科训练法过于严格，会让很多力量举运动员汗流浃背，难以应对。很多人存在"如何遵循谢科的训练系统并坚持下来"的困惑。亚历山大认为，基于力量举训练法制订的奥林匹克举重训练方法训练量过大，会在无形中鼓励初学者服用类固醇。这位辞锋犀利的抨击者确信，对一名力量举运动员，特别是初级运动员而言，完全没有必要选择谢科式的训练方法。

亚历山大对过度训练深恶痛绝，因为他的胸肌曾因过度训练而撕裂，尽管这并没有阻止他赢得世界冠军，但使他的卧推成绩游离于世界顶尖行列之外。而且他的过度训练并不是大重量的卧推，而是哑铃飞鸟导致的。"对正确训练方法的无知以及过度训练，是许多年轻运动员犯下的典型错误。我一度认为，训练胸肌的次数越多，它们就越强壮，所以我疯狂地弥补自己的短板。这是一种典型的新手认知。"

尽管如此，亚历山大的深蹲和硬拉仍然取得了成功。这位冠军出人意料地将成功归因于慢肌纤维的训练。"大腿肌肉包含大量慢肌纤维，并且大部分的背部肌肉都是慢肌纤维。但在实际训练中几乎没有人有意识地训练它们。我对慢肌纤维和快肌纤维都给予应有的关注。"下面给出了亚历山大·格拉乔夫为参加世界力量举大会而设计的训练计划，你会看到他是如何将想法付诸实践的。

根据参加上一届欧洲锦标赛的经历，亚历山大知道自己并不缺乏硬拉力量，而是需要磨砺技术。所以周一是深蹲和小重量硬拉训练日。双腿会很疲惫，硬拉的路径会得到强化。请注意，他的相扑硬拉姿势与深蹲姿势很相似，所以他的硬拉训练计划可能不太适合以传统方式训练硬拉的训练者。

深蹲的训练量非常大，每次训练中的重复次数最高可达120次！亚历山大了解你的痛苦并会告诉你，每次训练安排6~8次重复也是可以的。幸运的是，每周只需训练1次深蹲。

深蹲和硬拉的重量百分比是基于训练计划开始时第一次试举制订的，对亚历山大来说，这次试举的重量非常接近他的1 RM。仔细查看你最近的训练情况，选择对你来说比较现实的百分比。训练37需要以1 RM的95%的重量完成6个3次重复的训练组，在此预先提醒。如果你不习惯这么多组的训练，可以选择保守的组数。正如马蒂·加拉赫在尝试了一个类似的训练方案（斯莫洛夫基础周期化训练，每周1次）之后告诉我的那样："它打造的是一种不同类型的力量。"

卧推的重量百分比是基于预估的最大值和无装备条件下对应最大值的快速卧推百分比制订的。尽管该计划中规定的快速卧推百分比为60%，但亚历山大在周期即将结束时，卧推的重量比预期高出了20千克。你应凭直觉进行调整。

所有的深蹲都在穿戴装备的条件下完成，这意味着训练者使用的重量低于其1 RM的80%，甚至训练者没有达到规定的深蹲深度。在重量百分比达到80%时，他增加了宽松的护具。除了2次训练，硬拉训练都是在无装备情况下完成的。在起始阶段，所有的硬拉都是站在5厘米高的位置完成的。

卧推训练需要穿卧推服，并在一块5~6厘米厚的橡胶板上完成锁定。凭直觉选择重量，吉拉切夫在整个周期跨度中增加了40千克。他总是在2组之间增加10千克。

肩平举是为了使用非常轻的哑铃（6~8千克）增加肌肉泵感和促进肌肉恢复。肱二头肌也可以这样训练，亚历山大会使用12千克的哑铃训练弯举。不过，肱三头肌下压需要使用最大重量训练。这位俄罗斯强人在腰间悬挂了一对32千克的壶铃，这样他就不会被抬离地面了。

亚历山大·格拉乔夫的世界力量举大会世界赛的训练计划

训练1（周一）

1. 深蹲——55%×8/8
2. 2英寸（5厘米）深度硬拉——44%×5，50%×5，55%×5/3（重复次数/组数）
3. 力量翻——6/5
4. 俯身划船——6/5
5. 单臂哑铃划船——6/5
6. 耸肩——6/5

训练2（周三）

1. 穿卧推服卧推锁定——4，3，2，1
2. 哑铃平举（前平举、侧平举和俯身平举）——10/（3~6）
3. 肱三头肌下压——（8~10）/（4~6）
4. 哑铃弯举——（8~10）/（4~6）

训练3（周五）

1. 2英寸（5厘米）深度硬拉——44%×5，52%×5，60%×5，66%×5，44%×5
2. 力量翻——6/5
3. 俯身划船——6/5
4. 耸肩——6/5
5. 快速卧推——无装备最大卧推重量的60%×3/10，组间休息20~30秒
6. 哑铃平举（前平举、侧平举和俯身平举）——10/（3~6）
7. 肱三头肌下压——（8~10）/（4~6）
8. 哑铃弯举——（8~10）/（4~6）

训练4

1. 深蹲——55%×8/10
2. 2英寸（5厘米）深度硬拉——44%×5，50%×5，55%×5/3
3. 力量翻——6/5
4. 俯身划船——6/5
5. 耸肩——6/5

训练5

1. 穿卧推服卧推锁定——4，3，2，1
2. 哑铃平举（前平举、侧平举和俯身平举）——10/（3~6）
3. 肱三头肌下压——（8~10）/（4~6）
4. 哑铃弯举——（8~10）/（4~6）

训练6

1. 2英寸（5厘米）深度硬拉——44%×5，55%×5，64%×5，70%×5，44%×5
2. 力量翻——6/5
3. 俯身划船——6/5
4. 耸肩——6/5
5. 快速卧推——无装备最大卧推重量的60%×3/10，组间休息20~30秒
6. 哑铃平举（前平举、侧平举和俯身平举）——10/（3~6）
7. 肱三头肌下压——（8~10）/（4~6）
8. 哑铃弯举——（8~10）/（4~6）

训练7

1. 深蹲——60%×6/12
2. 2英寸（5厘米）深度硬拉——44%×5，55%×5/4
3. 力量翻——6/5
4. 俯身划船——6/5
5. 耸肩——6/5

训练8

1. 穿卧推服卧推锁定——4，3，2，1
2. 哑铃平举（前平举、侧平举和俯身平举）——10/（3~6）
3. 肱三头肌下压——（8~10）/（4~6）
4. 哑铃弯举——（8~10）/（4~6）

训练9

1. 2英寸（5厘米）深度硬拉——44%×5，55%×5，64%×5，73%×5，44%×5
2. 力量翻——6/5
3. 俯身划船——6/5
4. 耸肩——6/5
5. 快速卧推——无装备最大卧推重量的60%×3/10，组间休息20~30秒
6. 哑铃平举（前平举、侧平举和俯身平举）——10/（3~6）
7. 肱三头肌下压——（8~10）/（4~6）

8. 哑铃弯曲——（8~10）/（4~6）

训练10

1. 深蹲——65%×5/12

2. 2英寸（5厘米）深度硬拉——44%×5，55%×5/4

3. 力量翻——6/5

4. 俯身划船——6/5

5. 耸肩——6/5

训练11

1. 穿卧推服卧推锁定——4，3，2，1

2. 哑铃平举（前平举、侧平举和俯身平举）——10/（3~6）

3. 肱三头肌下压——（8~10）/（4~6）

4. 哑铃弯举——（8~10）/（4~6）

训练12

1. 2英寸（5厘米）深度硬拉——49%×5，66%×5，75%×5，49%×5/2

2. 力量翻——6/5

3. 俯身划船——6/5

4. 耸肩——6/5

5. 快速卧推——无装备最大卧推重量的60%×3/10，组间休息20~30秒

6. 哑铃平举（前平举、侧平举和俯身平举）——10/（3~6）

7. 肱三头肌下压——（8~10）/（4~6）

8. 哑铃弯举——（8~10）/（4~6）

训练13

1. 深蹲——70%×6/15

2. 2英寸（5厘米）深度硬拉——49%×5，57%×5/3，49%×5

3. 力量翻——6/5

4. 俯身划船——6/5

5. 耸肩——6/5

训练14

1. 穿卧推服卧推锁定——4，3，2，1
2. 哑铃平举（前平举、侧平举和俯身平举）——10/（3~6）
3. 肱三头肌下压——（8~10）/（4~6）
4. 哑铃弯举——（8~10）/（4~6）

训练15

1. 2英寸（5厘米）深度硬拉——49%×5，66%×5，75%×5，71%×5，49%×5
2. 力量翻——6/5
3. 俯身划船——6/5
4. 耸肩——6/5
5. 快速卧推——无装备最大卧推重量的60%×3/10，组间休息20~30秒
6. 哑铃平举（前平举、侧平举和俯身平举）——10/（3~6）
7. 肱三头肌下压——（8~10）/（4~6）
8. 哑铃弯举——（8~10）/（4~6）

训练16

1. 深蹲——75%×8/15
2. 2英寸（5厘米）深度硬拉——49%×5，57%×5/3，49%×5
3. 力量翻——6/5
4. 俯身划船——6/5
5. 耸肩——6/5

训练17

1. 穿卧推服卧推锁定——4，3，2，1
2. 哑铃平举（前平举、侧平举和俯身平举）——10/3（3~6）
3. 肱三头肌下压——（8~10）/（4~6）
4. 哑铃弯举——（8~10）/（4~6）

训练18

1. 2英寸（5厘米）深度硬拉——49%×5，68%×5，79%×5，55%×5，49%×5
2. 力量翻——6/5
3. 俯身划船——6/5
4. 耸肩——6/5
5. 快速卧推——无装备最大卧推重量的60%×3/10，组间休息20~30秒
6. 哑铃平举（前平举、侧平举和俯身平举）——10/（3~6）
7. 肱三头肌下压——（8~10）/（4~6）

8. 哑铃弯举——（8~10）/（4~6）

训练19

1. 深蹲——65%×5/10

2. 2英寸（5厘米）深度硬拉——49%×5，57%×5/4

3. 力量翻——6/5

4. 俯身划船——6/5

5. 耸肩——6/5

训练20

1. 穿卧推服卧推锁定——4，3，2，1

2. 哑铃平举（前平举、侧平举和俯身平举）——10/（3~6）

3. 肱三头肌下压——（8~10）/（4~6）

4. 哑铃弯举——（8~10）/（4~6）

训练21

1. 2英寸（5厘米）深度硬拉——49%×5，68%×5，80%×5，55%×5，49%×5

2. 力量翻——6/5

3. 俯身划船——6/5

4. 耸肩——6/5

5. 快速卧推——无装备最大卧推重量的60%×3/10，组间休息20~30秒

6. 哑铃平举（前平举、侧平举和俯身平举）——10/（3~6）

7. 肱三头肌下压——（8~10）/（4~6）

8. 哑铃弯举——（8~10）/（4~6）

训练22

1. 深蹲——80%×4/15

2. 硬拉——44%×5，60%×3，70%×3/3

3. 引体向上——6/5

4. 山羊挺身——6/5

训练23

1. 穿卧推服卧推锁定——4，3，2，1

2. 哑铃平举（前平举、侧平举和俯身平举）——10/（3~6）

3. 肱三头肌下压——（8~10）/（4~6）

4. 哑铃弯举——（8~10）/（4~6）

训练24

1. 硬拉——44%×5，60%×3，70%×2，80%×1，90%×1，82%×3

2. 引体向上——6/5

3. 山羊挺身——6/5

4. 快速卧推——无装备最大卧推重量的60%×3/10，组间休息20~30秒

5. 哑铃平举（前平举、侧平举和俯身平举）——10/（3~6）

6. 肱三头肌下压——（8~10）/（4~6）

7. 哑铃弯举——（8~10）/（4~6）

训练25

1. 深蹲——85%×3/12

2. 硬拉——44%×5，60%×3，70%×3/3

3. 引体向上——6/5

4. 山羊挺身——6/5

训练26

1. 卧推——69%×5，79%×2，89%×2，86%×1+停顿

2. 哑铃平举（前平举、侧平举和俯身平举）——10/（3~6）

3. 肱三头肌下压——（8~10）/（4~6）

4. 哑铃弯举——（8~10）/（4~6）

训练27

1. 硬拉——44%×5，60%×3，70%×2，84%×1，94%×1，86%×3

2. 引体向上——6/5

3. 山羊挺身——6/5

4. 卧推——69%×5，79%×2，89%×2，97.5%×2/3

5. 哑铃平举（前平举、侧平举和俯身平举）——10/（3~6）

6. 肱三头肌下压——（8~10）/（4~6）

7. 哑铃弯举——（8~10）/（4~6）

训练28

1. 深蹲——90%×3/8

2. 硬拉——44%×5，60%×3，74%×3/3

3. 引体向上——6/5

4. 山羊挺身——6/5

训练29

1. 卧推——71%×5，81%×3，89%×2/3

2. 哑铃平举（前平举、侧平举和俯身平举）——10/（3~6）

3. 肱三头肌下压——（8~10）/（4~6）

4. 哑铃弯举——（8~10）/（4~6）

训练30

1. 硬拉——44%×5，60%×3，74%×3，90%×1，94%×1，90%×3

2. 引体向上——6/5

3. 山羊挺身——6/5

4. 卧推——69%×5，79%×2，89%×2，97.5%×2/3

5. 哑铃平举（前平举、侧平举和俯身平举）——10/（3~6）

6. 肱三头肌下压——（8~10）/（4~6）

7. 哑铃弯举——（8~10）/（4~6）

训练31

1. 深蹲——65%×5/6

2. 硬拉——44%×5，60%×3，74%×3/3

3. 引体向上——6/5

4. 山羊挺身——6/5

训练32

1. 卧推——69%×5，80%×2，92.5%×2/3，91%×1+停顿

2. 哑铃平举（前平举、侧平举和俯身平举）——10/（3~6）

3. 肱三头肌下压——（8~10）/（4~6）

4. 哑铃弯举——（8~10）/（4~6）

训练33

1. 全装备硬拉——44%×5，64%×3，80%×2，92%×1，101%×1，93%×3

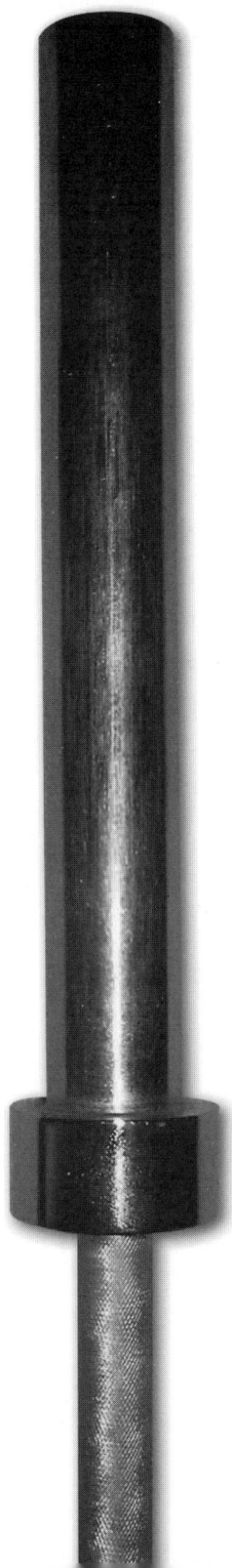

2. 引体向上——6/5

3. 山羊挺身——6/5

4. 卧推——71%×5，81%×3，92.5%×3，96%×2/3

5. 哑铃平举（前平举、侧平举和俯身平举）——10/（3~6）

6. 肱三头肌下压——（8~10）/（4~6）

7. 哑铃弯举——（8~10）/（4~6）

训练34

1. 深蹲——90%×3/10

2. 硬拉——44%×5，76%×3/4

3. 引体向上——6/5

4. 山羊挺身——6/5

训练35

1. 卧推——71%×5，81%×3，92.5%×2/5

2. 哑铃平举（前平举、侧平举和俯身平举）——10/（3~6）

3. 肱三头肌下压——（8~10）/（4~6）

4. 哑铃弯举——（8~10）/（4~6）

训练36

1. 硬拉——44%×5，70%×3，84%×2，94%×1，103%×1，96%×3

2. 引体向上——6/5

3. 山羊挺身——6/5

4. 卧推——71%×5，81%×2，93%×2，100%×2/3

5. 哑铃平举（前平举、侧平举和俯身平举）——10/（3~6）

6. 肱三头肌下压——（8~10）/（4~6）

7. 哑铃弯举——（8~10）/（4~6）

训练37（比赛前12天）

1. 深蹲——95%×3/6

2. 全装备硬拉——44%×5，60%×1，80%×1/3

3. 引体向上——6/5

4. 山羊挺身——6/5

训练38（比赛前10天）

1. 卧推——71%×5，81%×2，93%×1，100%×1，105%×1，97.5%×3

2. 哑铃平举（前平举、侧平举和俯身平举）——10/（3~6）

3. 肱三头肌下压——（8~10）/（4~6）

4. 哑铃弯举——（8~10）/（4~6）

训练39（比赛前8天）

  1. 卧推——69%×5，79%×2，90%×2/3

训练40（比赛前5天）

  1. 深蹲——80%×2/3

亚历山大·格拉乔夫的"深蹲生存系统"

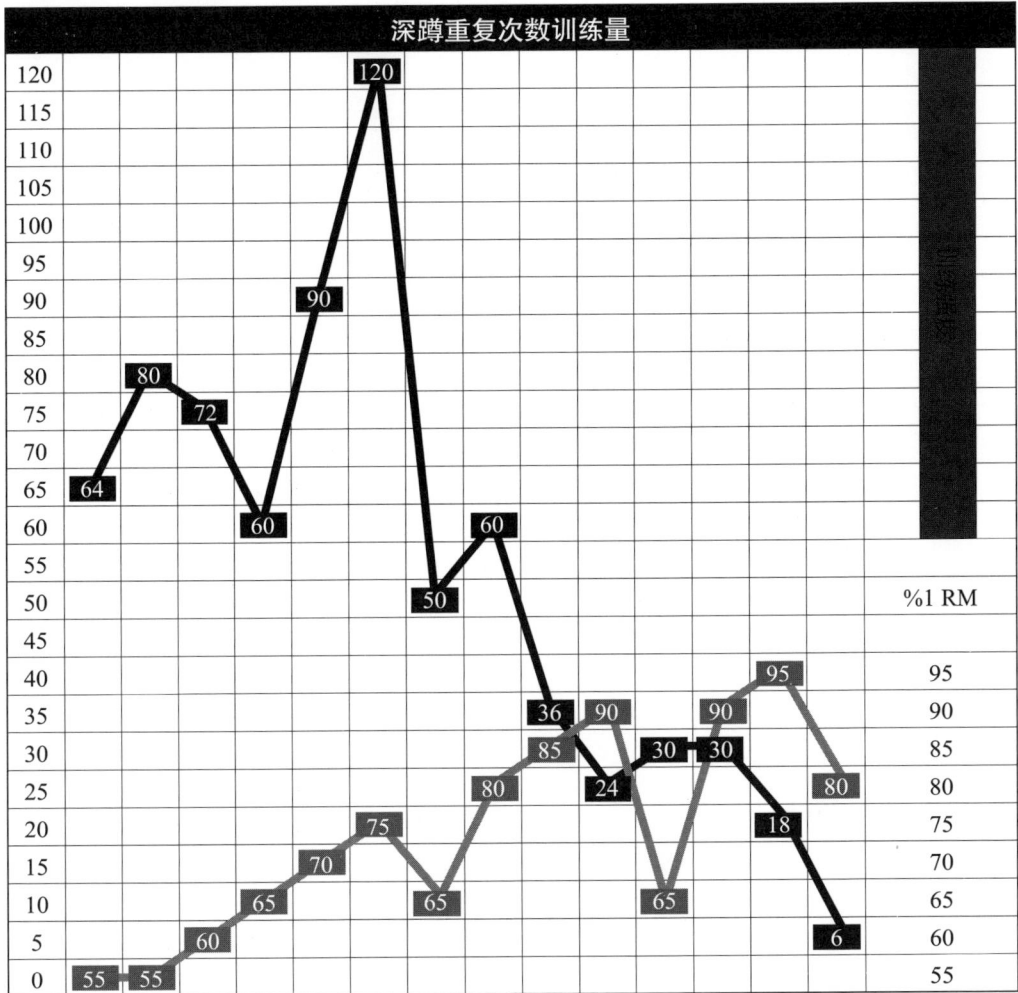

深蹲重复次数训练量

（图表数据点）64，80，72，60，90，120，50，60，36，85，90，24，80，30，30，90，95，18，80，6，75，70，65，65，55，55，60，65

%1 RM：95，90，85，80，75，70，65，60，55

亚历山大的深蹲负荷的周期性变化方式值得注意。

不只是力量举运动员，对于任何想要增肌的人，上面提供的深蹲训练计划都十分有效。这个训练计划可以为运动员接下来执行斯莫洛夫的周期化训练计划做足准备。"深蹲生存系统"对使用其他训练计划无法继续取得进步的力量举训练者来说，也很有效。如果你一直遵循科恩式的训练计划，你需要通过持续提高训练量来引入变化。如果你在使用谢科式的训练方案，从根本上减少训练频率会使你恢复活力。倘若你在使用西部杠铃俱乐部的训练方案，训练量非常大，特异性很高，加上一种老式的训练周期，会给你的身体带来巨大的惊喜，一个可以提高深蹲力量的巨大惊喜。

第三章

卧推

俄式方法卧推更大重量的秘密

国际力量举联合会冠军布赖恩·西德斯（Brian Siders）评价了俄罗斯人的强壮，尽管他们的肌肉一点也不令人印象深刻。"有些人看上去好像从未训练过举重，但他们的确能举起令人印象深刻的重量。"

俄式卧推技术已经经过了优化，可以最大限度地提升卧推力量，而非获得最大量的肌肉。如果你想拥有肌肉特别发达的上半身，那就用我在《超越健美》中详细描述的技术训练卧推。如果你对增加杠铃重量以获得力量的兴趣胜过增肌，如果你是一名战士或运动员，选择卧推作为体能训练计划的一部分，请继续阅读。

忘掉你之前的卧推知识吧。俄式卧推，由于遵循胸部停顿和臀部接触卧推凳等要求而100%符合竞技要求，但它并不是一种真正的卧推，而是一种借力卧推。没错，正是腿赋予了俄罗斯人爆发式的卧推启动力量！俄罗斯的杰出教练伊戈尔·杰列维扬科解释说："可以把我们的卧推和比赛中常见的卧推（一种只用到了上肢带肌群力量的折磨运动），与两种奥林匹克举重项目进行比较。两种奥林匹克举重项目分别对应实力举和借力推举，我们的卧推则是平躺版本的'借力推举'。"

这种技术对无装备力量举训练者有用吗？

效果并没有穿戴装备的训练者那样好，但同样有效。俄罗斯重量级力量举选手弗拉基米尔·克拉夫佐夫（Vladimir Kravtsov）在比赛时会穿上卧推服，但他仍可以在无装备条件下完成4次595磅（269.9千克）的卧推。

握姿

俄罗斯的力量举运动员，即使是最轻量级的女运动员，通常都会使用规则允许的最宽握距。

如果你想通过卧推训练使自己变得强壮，便于应对其他项目，你最好采用中等距离的握距，即当杠铃杆碰触胸部时，前臂可以彼此保持平行的握距。

起始姿势

俄式借力卧推的起始姿势与《超越健美》中的经典卧推相同。内收肩胛骨使其相互靠近，拱起背部，用双脚钉紧地面。臀肌轻触卧推凳以遵守比赛规则，将所有的重量压在双脚和肩胛骨上。

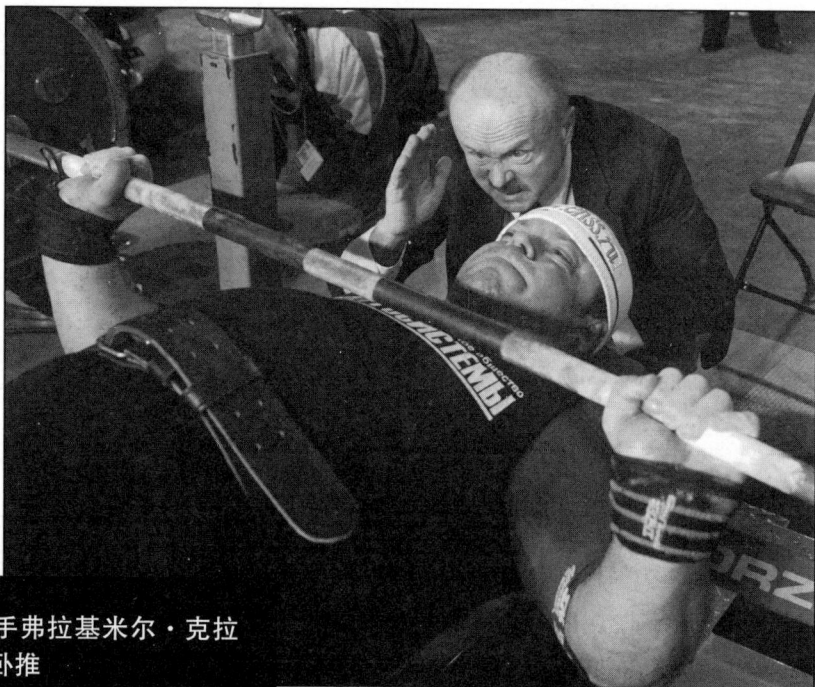

俄罗斯选手弗拉基米尔·克拉
夫佐夫在卧推
照片由《美国力量举》杂志友情提供

拱起背部

如果你不是力量举运动员，而是战士或者其他体育项目的运动员，则不必将背部拱起过高。只需尽量挺胸。

俄罗斯的力量举运动员习惯于尽可能地拱起背部。鲍里斯·谢科强调，你应该尽可能地向骨盆方向牵引肩膀。很多俄罗斯人背部拱起的程度非常大，以至于他们的肩胛骨离开了卧推椅，只靠斜方肌来支撑重量。你要注意，背部拱起到这种程度会增加颈部受伤的风险。

起杠

当你将杠铃从钩子上取下，移至胸骨上方的起始位置时，必须依靠背阔肌发力。如果不这么做，你会丧失卧推更大重量的优势。小重量的直臂拉力器下拉是一种可以帮助你掌握这种技术的练习。

站在下拉机前，用手握住横杆顶部。锁定肘关节。深吸一口气，将肩膀向着双脚方向下压——与耸肩动作相反——并保持姿势。然后牵引横杆向下，直到其与胸骨平齐。在向下牵引横杆时，应用力挺胸。最终应做到下压肩部、牵引横杆向下与用力挺

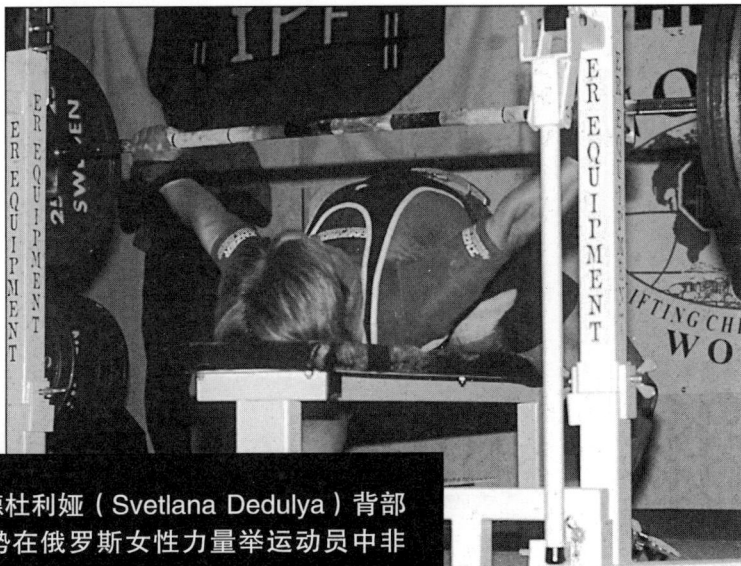

斯韦特拉娜·德杜利娅（Svetlana Dedulya）背部
极端拱起的姿势在俄罗斯女性力量举运动员中非
常普遍
照片由《美国力量举》杂志友情提供

胸这些动作一气呵成。每组2~3次重复，反复训练，直到你领会到要领。然后尝试在起
杠时重现这种感觉。

　　继续讲解卧推。把杠铃放在适当的高度。俄罗斯教练员警告，高度不宜过高，因
为运动员必须够到并握住杠铃杆，这个过程会损失一些背部拱起的幅度。

　　把双脚放在正确的位置，拱起背部，抬起骨盆，然后取下杠铃——这个过程应在保
护者的监督下进行。如果你是力量举运动员，千万不要独自进行。

　　确保将杠铃向双脚的方向移动足够的距离，使杠铃杆位于触胸位置的正上方。这
个位置取决于运动员的体格，对借力风格的卧推来说，这个位置会比较靠下，几乎靠
近腹部。记得回忆起直臂下拉的感觉。

　　放低肩膀，将杠铃固定在准备下降的位置，同时尽可能地挤压肩胛骨，然后放低
髋部。

放低杠铃

　　在向着胸部放低杠铃的过程中，要时刻保持挺胸姿势。

　　一些俄罗斯卧推健将认为，如果在起杠时背部没有拱起到最大程度，这种卧推技
术的效果最佳。杰出的俄罗斯教练帕维尔·切利尼舍夫（Pavel Chernishev）坚持认
为，如果在放低杠铃的过程中，你可以通过挺胸来增加背部的拱起程度，你就可以获

得优势。他指出，如果你的姿势正确，臀肌会在放低杠铃的过程中向双脚方向移动，并在推起杠铃时向着杠铃杆方向移动。这种变化对那些背部可以拱起很高的力量举运动员和非力量举运动员来说非常有利。

与经典卧推不同，俄罗斯力量举运动员在借力卧推中并没有试图在放低杠铃的过程中存储张力，因此会以中等到快速的节奏放低杠铃。快速放低杠铃的好处是可以获得更大的牵张反射并节省能量。伊戈尔·杰列维扬科补充说，对裁判来说，杠铃的快速放低和突然停顿可以使其暂停时间显得更长。

一些俄罗斯人的杠铃放低过程非常快，杠铃看起来就像自由落体一样（事实上不是）。不过，速度过快容易伤到肋骨，所以需要小心。可以以放松的风格放低杠铃，但必须谨慎。

而在试举大重量时，则要谨防过度收紧和下放速度过慢。如果这样做，最终你获得的将是毫无价值的经典卧推与借力卧推的混合体。如果你担心重量过大，这种情况就会发生。招募优秀的保护者，这样你就不需要担心了！

所有的俄罗斯教练都强调，杠铃必须径直下降，这意味着在起杠时，必须确保将杠铃向着双脚的方向移动足够远的距离。这一点在前面已经提及，但仍有必要再次强调，因为杠铃杆在起始时过于接近头部是一个典型的错误，尤其是在一个人连续完成多次重复时。

为什么不能从胸骨正上方自然开始？

身体很擅长确定某个动作的最佳杠杆，但不能提前确定多个动作的最佳杠杆。如果把杠铃保持在最高位置就是卧推的全部，那么将杠铃保持在肩膀正上方是合理的。但是，就像一位初级棋手一样，你的身体并没有意识到，一旦开始放低杠铃，游戏就会发生变化。

这与单臂俯卧撑的道理一样。如果开始把手放在了肩膀的正下方，当训练者屈臂到一半高度时，他会惊讶地发现，继续这样很可能会受伤，并且力量不足以支撑完成后半段的动作。他必须做的是，在调整单臂俯卧撑的起始姿势时，将身体重心向前移动，直到他感觉身体将要失去平衡、脸快要摔在地上。动作顶部奇怪，甚至吓人的感觉，可以保证你在动作底部获得最好的杠杆效应，并把对肩膀的损伤概率降至最低。

力量举训练就像下棋一样，你必须提前考虑好几步的动作。

你可能不需要在这种卧推方式中将肘部完全外展，保持它们外展45°即可。精确放低杠铃的小窍门是，专注于放低肘部，这样杠铃杆会自然地随之下降。

把杠铃杆放低至胸部，胸部不要放松。停顿。参加比赛的力量举运动员请注意，在卧推指令发出后，你不能让杠铃杆进一步下沉，否则会因杠铃的起伏而收到红灯。

腿部发力

俄罗斯力量举教练说，腿部会承担20%~50%的杠铃重量！因此，他们恰当地将卧推的姿势调整称为"卧推站位"。

作为诸如国际力量举联合会卧推世界冠军康斯坦丁·帕夫洛夫——以123磅（55.8千克）的体重卧推414磅（187.8千克）——这样的力量举明星的教练，伊戈尔·杰列维扬科解释了腿部驱动的原理："在合规的停顿之后，你必须用脚主动地重踏地面——从脚趾到脚后跟都要用力。这样一股大力形成的脉冲会从腿部传送至背部，并从下背部一直延伸至肩胛骨附近。背阔肌会通过捕捉这一脉冲携带的力使杠铃'飞起来'。"

如果比赛规则不允许这样做，最好在开始的时候好好训练一下。你可以在放低杠铃的过程中保持前脚掌贴地，然后用脚后跟重踏地面，待你完全掌握了通过双脚重踏的方式产生脉冲力的时候，你就可以在不抬起脚跟的情况下合规地训练了。这就是所谓的"静力重踏"，就像武术中描述的"劲发一寸"那样。

胸部发力

俄罗斯的运动员会在放低杠铃时收紧胸肌，同时稍微放松手臂。谢科解释说，这种技术就是为爆发式的启动而设计的：放松背阔肌，然后爆发式地将其收紧，紧接着收紧胸肌、三角肌和肱三头肌。尽管他自己推荐《超越健美》风格的绷紧和缓慢放低杠铃的方式，但这位俄罗斯力量举国家队教练认识到，那些全程保持身体绷紧的运动员不能像那些开始时身体放松的运动员一样获得爆发式的启动力量。我们正在讨论两种截然不同的卧推方式——《超越健美》式的慢速卧推和"仰卧版奥林匹克举重"式卧推，二者的动力学是完全不同的。

在慢速训练中，腿仅起到稳定与平衡的作用。举重是美国人所谓的"真正的上半身力量"的一种表达，俄罗斯人则称之为"慢速力量"或"推举力量"。在低速状态下，你无法借助速度获得帮助，只能像拖车完成牵引那样进行卧推。没有多少动量，只是纯粹基于力量的卧推。

在爆发式卧推中，卧推由腿部起始，上半身必须保持动量。动量意味着速度，此时上半身的速度比上半身提供的力量更为重要。这种卧推方式有点类似于多级导弹的运作方式。

显然，握持如此大的重量是不能完全放松的，因此折中的方案是保持胸肌收紧。

为什么适当放松的肌肉可以更快地卧推

早在 1967 年，苏联举重专家 V.I. 罗迪奥诺夫就曾说过，奥林匹克推举就是从严格的实力举演化而来，然后进一步演化为一种复杂的、类似于现在的俄式卧推的全身性快速举重项目。他观察到，在卧推开始时，很多力量举运动员甚至在停顿期间打开双手，以握紧杠铃杆。

在《终极背部健康与运动表现》(*Ultimate Back Fitness and Performance*)第3版中，斯图尔特·麦吉尔（Stuart McGill）博士解释说："如果弹簧刚度过大，那么弹性势能的存储就会受到阻碍，因为弹簧形变极小，没有运动发生。因此，弹簧存在一个最佳刚度。低于最佳刚度会导致形成海绵式系统，无法存储足够的弹性势能；超过最佳刚度则会阻碍能量还原。"

同理，如果身体绷得太紧，你就不能快速出拳；如果身体过于放松，你就无法重拳出击。

理想的比赛式卧推技术概要

（来自弗拉基米尔·克拉夫佐夫）

1. 速度，更快的速度。
2. 背部最大限度地拱起。
3. 最大限度的利用双腿。

真正的力量

使用同样技术的力量举运动员有时将奥林匹克举重视为"耍猾"而非"真正"的力量，老派的力量举运动员则会嘲笑"借力卧推"技术。什么是"真正"的力量？没有简单的答案。

运动员就像律师一样，总是在规则中寻找漏洞，力量举运动员也不例外。这种事情在壶铃运动中发生过。当时阿列克谢·沃罗廷采夫（Alexey Vorotintsev）开发了"节奏推举"技术，从而以 123 次的成绩打破了从水中单臂推举 32 千克壶铃 42 次的纪录。令人难以置信的是，他的手臂和肩膀的力量耐力几乎是位居第二位的举重者的 3 倍。

"节奏卧推"技术借助了双腿和胸廓的力量。但这不是重点，重点在于，沃罗廷采夫完成的重复次数，尽管'取巧'，但符合比赛规则。试图减少他的纪录意义不大。

如果能够举办一场梦幻的卧推比赛，把卡兹迈尔、迈克·麦克唐纳（Mike MacDonald）、瑞克·威尔（Rick Weil）和当今顶级的卧推运动员聚在一起，要求把腿抬到空中，你很难预测，这些 20 世纪 80 年代的卧推明星是否可以占据主导地位。以瑞克·威尔为例，他能够以 181 磅（82.1 千克）的体重在无装备条件下卧推 551 磅（250 千克）的重量，他使用的是《超越健美》中的慢速卧推技术。在今天，是否还有人拥有这样的上半身力量，令人怀疑。

但力量是在特定条件下产生力的能力。所有的力量举赛事都规定，运动员要保持双脚触地。因此，卧推不再是单纯的上半身力量的体现。

我不是卧推选手，所以我不能评价说，谁的卧推体现了真正的力量，谁的卧推只是在投机取巧。你要自己判断。

无论在过去还是现在，瑞克·威尔的上半身力量都堪称顶级

照片由《美国力量举》杂志友情提供

适合非力量举运动员的路径

笔直向上将杠铃推到顶部。保持肘部内收，位于杠铃杆之下，全程保持挺胸，直至锁定。

我同意路易·西蒙斯的说法："杠铃杆应该被直线推回，而不是回到脸的正上方。这需要发达的肱三头肌。这种卧推路径距离较短，不需要肩部旋转，并且安全得多。杠铃总会'寻找'最强壮的肌群发挥作用。为什么大多数人会把杠铃上推到脸的正上方？因为他们的三角肌比他们的肱三头肌更发达。但从实际需要出发，应该是反过来的。人们常常见到肩膀和胸肌受伤的情况，但却很少见到肱三头肌受伤。为什么呢？因为肱三头肌从未发挥出其最大潜力。"

当卧推变得艰难时，你要抵制肘部外展的诱惑，并做好在短期内减轻卧推重量的心理准备。一名依靠力量举和壶铃训练保持身材的联邦官员正在考虑放弃力量举，因为他的肩膀无法继续承受推起到头部上方的卧推了。我告诉他切换到世界拳击联赛训练中使用的路径，模仿下斜卧推。他的卧推重量因此减少，但他的肩部疼痛也得到了缓解。6个月后，他不仅恢复了力量，还创造了卧推成绩增加50磅（22.7千克）的卧推个人纪录。

这不是卧推的唯一方式，也不是俄式方法。如果你不是力量举运动员，这种卧推方式无疑是最好、最安全的。尽管你不会充分发掘出肩膀的潜力，但也不太可能令其受伤。

地面卧推是一项不错的练习，可以帮助你掌握将肘部保持在杠铃杆下方的技术。

适合力量举运动员的路径

俄罗斯著名教练谢科强调，你必须引导来自双脚的力量转向头部，引导杠铃杆垂直向上运动，此时你的臀肌可能会抬起，导致裁判对你亮红灯。谢科还警告说，垂直向上推起或者朝着脚的方向推起会把三角肌排除在外。他推荐使用一种近乎垂直、略向头部方向倾斜的路径。

削弱背部的拱起：仅适用于力量举运动员

在视觉上，这个路径类似于西部杠铃俱乐部拳击手的"空手道出拳方式"。

保持肘部靠近身侧，直到杠铃杆上升到一半的高度，然后随着胸部的放平，将肘部外展。帕维尔·切利尼舍夫解释说："你应在放低杠铃时同时向下移动杠铃杆和抬高胸部，使杠铃杆和胸部相向运动，在推起杠铃时则应采取相反的运动，爆发式地推起杠铃，同时放低身体远离杠铃杆，削减背部的拱起幅度。"

削减背部的拱起幅度类似于体操中的"空心体势"——非常强大，但很难对齐身体。从RKC大师马克·瑞夫金德和布拉德·约翰逊（Brad Johnson）发表在龙门网站（www.DragonDoor.com）上的文章可以了解更多信息。

削减背部的拱起幅度会加剧肩部的损伤。肩部内旋固然可以增强力量，但也会使肩部变得脆弱。然后随着肩胛骨的外展，暂时不会出现什么问题，但在你放低杠铃杆准备进行下一次重复时，问题就来了。确切地说，会出现三个问题。

第一，你无法将胸部抬高，这意味着卧推的路径会加长，且胸肌的动员程度会下降。第二，肩膀的位置会更高，从而导致其容易受伤。第三，你的肩胛骨会彼此远离，这样会丧失卧推所需的稳定平台。

请注意，削减背部的拱起幅度会危害你的肩膀，但它可以在卧推的下降阶段减轻背部压力。对那些不是卧推专家的训练者来说，这是个大问题。如果你选择这种技术，请试着将"空手道肚脐动作"融入其中，以获得更大的力量并减轻背部压力。

你得自己做判断，俄式训练方法是否适合你。

呼吸

放低杠铃前要深吸一口气，然后屏住呼吸。

在动作幅度的最后三分之一处，也就是通常的黏滞点位置用力呼气，同时锁定动作。呼吸的节奏应与发力过程匹配。

锁定

有趣的是，胸肌很大程度上参与了俄式训练风格的锁定过程，并且不仅限于在开始时。就像空手道冲拳击中目标时的那种感觉。

亚历山大·格罗莫夫（Alexander Gromov）在俄罗斯国家运动会上卧推惊人的重量

适合非力量举训练者的俄式借力卧推技术总结

1. 选择合适的握距，使杠铃杆碰到胸部时，前臂保持相互平行。

2. 双脚牢牢地踩在地面上，内收肩胛骨使其相互靠近，向着双脚的方向下压肩膀（与耸肩相反），挺胸，背部适度拱起。

3. 起杠，借助背阔肌发力将杠铃杆移至胸骨正上方，同时将尽可能多的重量压在双脚上。

4. 深吸一口气，屏住呼吸。

5. 向着胸骨放低杠铃杆，并在这个过程中用力挺胸。

6. 保持肘部外展约45°，处于杠铃杆的正下方，专注于放低肘部而不是杠铃杆，同时保持手腕伸直。

7. 当杠铃杆触及胸部时放松手臂，让杠铃杆压在胸部，但不要放松胸廓和呼气，停顿1秒钟。

8. 双脚爆发式的发力，从脚趾到脚跟都要用力蹬地，形成一股力量脉冲传递到躯干。

9. 迅速握紧杠铃杆，并以最大的爆发力向上推起杠铃。来自腿部的力量脉冲会传递到背阔肌，然后是三角肌、肱三头肌，最后胸肌也会被激发。

10. 竖直向上推。保持肘部内收、挺胸和肩膀下压，锁定杠铃后用力呼气。

设计训练计划

伊戈尔·杰列维扬科认为："一个人不能频繁地进行极限训练。这将导致进步停滞、伤病增加、抑郁，甚至神经衰弱。逐渐增加训练负荷是保持力量持续增长的不二法门。"

这种认识反映的正是俄罗斯教练提到的周期化训练。你需要巩固和加深对这个概念的理解。如果不进行周期化训练，你就无法变得强壮。

伊戈尔解释道，典型的俄式周期化训练计划包含8~12周，并以4~5组8~10次重复的训练开始。重量逐渐增加，重复次数逐渐减少，直到训练者可以在赛前3周完成2组2~3次重复的训练，然后以热身风格的训练进行减量训练。

周期化训练现在并没有什么重大发现或者重大突破。随便找一本里根（Reagan）和戈尔比（Gorby）时代的《美国力量举》杂志，你会发现大量按照这种思路设计的训练计划。

俄罗斯人更看重经典的美式力量举训练计划，而非美国人现在使用的这些。

为什么要把重复次数提高到 10 次？

你可能对将重复次数增加至 10 次感到困惑。但是，一旦你掌握了俄式卧推的诀窍，你就会意识到，它完全不同于传统的慢速训练法。杠铃杆上下移动的速度很快，肌肉处于紧张状态下的时间因此缩短。在经历一组 10 次重复的训练后，稳定肌不会像经过 1 组 10 次重复的慢速训练那样精疲力尽。

如果你是一名 RKC 学员，你可以把俄式卧推与壶铃借力推举或挺举，而不是实力举关联起来。不同练习的动力学完全不同，重复次数也不相同。

这里有一个很不错的、来自安德烈·布坚科（Andrey Butenko）的俄式卧推周期化训练的例子。

1~4周

一周两次60%×10/4（重复次数/组数）

5~8周

一周两次70%×6/5

9~12周

一周两次80%×5/6

13~16周

一周两次90%×3/3

这没什么特别的，只是一个从大训练量训练到高强度训练的经典演化过程。重量百分比是基于当前（而非预测的）无装备停顿卧推的最大值制订的。"不要忘记一件事——你必须在卧推中引入一次停顿，即使在热身训练组中也要如此，"安德烈强调，"2~3秒的停顿会带给你强有力的启动，即使是伟大的冠军也会羡慕你展现出来的爆发力。"

虽然这个训练计划的设计者更倾向于安排16周的训练周期，但他和很多人成功地将训练周期缩减到8周。只需将每一阶段的训练时间减半，从4周缩短到2周。你可能还想更进一步，把整个训练周期缩减至4周，每个重量百分比只训练1周，但安德烈会告诉你，不要期望这样可以变得更强，因为只有最后的峰值训练周期才会只安排4周。

8周的版本是另一回事。尼古拉·维特克维奇（Nikolay Vitkevich）曾经使用8周版本的训练周期进行卧推训练，将自己的卧推重量从4对杠铃片增加到5对，并进行了调整，他说："8周的训练周期非常适合10~12周的比赛周期。我会留出赛前的1周进行休息，安排1周穿戴装备进行训练，还有2周时间专门针对'错误'安排训练。如果由于某种原因，我没能按照卧推计划完成相应的训练参数，我可能会使用相同的重量额外增加1周的训练'打磨'自己。"

我将详细阐述针对"错误"的训练周。除非你是热衷高重复次数训练的人——在这种情况下，你肯定读错了书——否则你不太可能马上实现所有的训练参数。比如，维特克维奇在第一个60%训练周只能完成8次重复，一直到第4次训练时，他才可以按计划完成4组10次重复的训练。在70%的训练阶段，他用了整整4周时间，才能完成5组6次重复的训练。如果当时他在计划时间内仍未能达到要求的组数和重复次数呢？此时额外增加的1周就会派上用场。

辅助练习

辅助训练不是俄式卧推训练的重点。俄罗斯人大量训练卧推，因此他们很擅长卧推。遵循本章所述的训练技术和训练计划，无须附加任何辅助练习，结果不会让你失望的。

愿者上钩

此处用伊戈尔·杰列维扬科的话来做一个完美的总结："当你躺下'借力卧推'时，你就可以掌控卧推。突然间，你想把杠铃杆放在胸前保持几秒，然后当你推起杠铃时，你会感受到一股从腿部传递而来的力量，从此卧推会成为你的最爱。"

只训练卧推——一路飙升至600磅（272.2千克）

在这里我再次强调。如果你想熟练驾驭某个举重项目，你就要经常以中等重量训练这个项目，并且每次都不要做到力竭。欧洲卧推冠军和大师赛冠军弗拉基米尔·沃尔科夫（Vladimir Volkov）参加国际力量举联合会220磅（199.6千克）重量级的角逐，并以639磅（579.7千克）的卧推成绩夺冠已经证明了这一点。

46岁的弗拉基米尔每周训练3~5次，具体安排取决于他的工作日程。他唯一安排的练习就是卧推。没有背阔肌练习，没有哑铃练习，也没有上斜卧推或窄距卧推，只是力量举风格的卧推。

接下来是弗拉基米尔·沃尔科夫的10周训练计划。这里的重量单位使用千克而非磅，原因有二。一是单位换算比较麻烦，二是俄罗斯人习惯于取整，以10千克作为基本增幅，如果将其换算成磅数——308×3，330×3，352×3，374×3……会给人一种混乱和复杂的感觉。

　　括号中的百分比是训练日相对于1 RM的最高比例。同样，这里列出67%或78%这样的数字不是为了给你留下深刻的印象，而是告诉你使用的重量非常合适。合适是相较于1 RM而言的。

　　请注意，运动员会穿上卧推服比赛，但训练中并没有穿，他的第一个训练组所用重量通常为最好比赛成绩的50%。

弗拉基米尔·沃尔科夫纯卧推训练　　　　　　　单位：千克

周数	周一	周二	周三	周四	周五	周六	周日
1	140×3 150×3 160×3 170×3 180×3 190×3/5 （70%）	140×3 150×3 160×3 170×3 180×3 190×3 200×3 210×3 220×3 （81%）	140×2 150×2 160×2 170×2 180×2 190×2 200×2 210×2 （78%）		140×3 150×3 160×3 170×3/3 （63%）		140×2 150×2 160×2 170×2 180×1 190×1 200×1 210×1 220×1 230×1 240×1 （88%）
2	140×2 150×2 160×2 170×2 180×2/2 （67%）		140×3 150×3 160×3 170×3 180×3 190×3 停顿 （70%）		140×2 150×2 160×2 170×2 180×2 190×2 200×2 210×2 220×2 停顿 （81%）	140×1 150×1 160×1 170×1 180×1 190×1 200×1/3 停顿 （74%）	
3	140×3 150×3 160×3 170×3/4 停顿 （63%）			140×2 150×2 160×2 170×2 180×2 190×2 200×2 停顿 （74%）	国际力量举联合会大师赛卧推世界冠军 开把重量267.5千克（589磅）		

周数	周一	周二	周三	周四	周五	周六	周日
4				140×3 150×3 160×3 170×3/3 （63%）	140×1 150×1 160×1 170×1 180×1 190×1 **200×3/3** （74%）	140×1 150×1 160×1 170×1 180×1 190×1 200×1 210×1/3 （78%）	
5	140×2 150×2 160×2 170×2 180×2 190×2 200×2/2 （74%）	140×4 150×4 160×4 170×4 180×4 190×4 200×4/4 停顿 （74%）		140×2 150×2 160×2 170×2 180×2/3 （67%）		140×1 150×1 160×1 170×1 180×1 190×1 200×1 210×1 220×1 230×1 （85%）	
6	140×3 150×3 160×3 170×3 180×3/5 （67%）		140×2 150×2 160×2 170×2/4 （63%）		莫斯科卧推冠军开把重量290千克（639磅）（莫斯科纪录超过世界纪录）		

续表

周数	周一	周二	周三	周四	周五	周六	周日
7	140×5 150×5 160×5 170×5 180×5 190×5 200×5 （69%）	140×2 150×2 160×2 $170 \times 2/3$ （59%）	140×4 150×4 160×4 170×4 180×4 190×4 200×4 （69%）		140×5 150×5 160×5 170×5 180×5 $190 \times 5/4$ （66%）		
8	140×2 150×2 160×2 170×2 180×2 190×2 200×2 210×2 220×2 230×2 （79%）	140×3 150×3 160×3 170×3 $180 \times 3/3$ （62%）			140×1 150×1 60×1 170×1 $180 \times 1/2$ （62%）		140×3 150×3 160×3 170×3 180×3 $190 \times 3/3$ 200×1 （69%）
9		140×1 150×1 160×1 170×1 180×1 190×1 200×1 210×1 220×1 230×1 240×1 250×1 （86%）		140×2 150×2 160×2 170×2 180×2 $190 \times 2/3$ （66%）	140×3 150×3 160×3 170×3 180×3 190×3 $200 \times 3/2$ （69%）		140×2 150×2 160×2 170×2 180×2 190×2 200×2 210×2 220×2 （76%）
10	140×1 150×1 160×1 170×1 180×1 190×1 $200 \times 1/2$ （69%）				俄罗斯卧推冠军开把重量270千克(595磅)		

把千克换算成磅

为了快速把千克换算成磅，可以用千克数乘以2，再加上10%。例如，430×2=860，860+86=946，因此430千克换算后对应946磅。如果你想精确换算，1千克等于2.2406磅，那就是430×2.2046=947.978。一般不需要这么精确，希望你能把时间花在更有价值的事情上。

俄罗斯国家力量举队主教练鲍里斯·谢科提出了一些小建议。

第一，减少弗拉基米尔参加比赛的次数，使其可以留出充足的时间更好地夯实个人基础。

第二，由于弗拉基米尔参加的赛事允许穿着卧推服，因此应穿着卧推服训练，并将训练重量的百分比调高到80%以上。这个建议是为了提高充分利用卧推服的技巧。

第三，"对于像弗拉基米尔这个重量级别（100公斤级）的运动员，组间10千克的增幅太小了。当他训练到正式的训练组，即从140千克增加到220千克时，他已经完成了8组训练。训练组数太多了。我建议减少热身组数。这可以增加1~2个正式训练组。训练时间也不会像现在这么长。"

第四，谢科建议增加一些辅助练习。"有必要加入一些可以增强胸肌和手臂韧带的柔韧性和力量的练习。卧推速度越快，就越需要注意强化韧带的力量。不强化韧带力量的话可能容易受伤。"可以阅读《徒手斗士》中关于力量拉伸的部分，强化针对力量举的柔韧性，阅读超级关节部分，以保持关节和韧带强壮和健康。

尽管谢科给出了改进建议，但他仍补充道："如果这种训练计划帮助运动员在欧洲和世界锦标赛取得了胜利，那就没有必要做出改变。"是的，如果它没有坏掉，就不需要修理。

大重量，低重复次数，永远对肌肉力竭说不。一个人想要在很多方面表现出色，并排除其他练习，那就训练卧推。卧推带给你力量！

卧推：高度专业化

俄罗斯选手伊琳娜·克雷洛娃（Irina Krylova）创造了有史以来的卧推世界纪录——包含所有的20多项赛事以及44公斤和48公斤两种重量级别。单是这项成就已经足够棒了，如果你发现她在国际力量举联合会的赛事中没有穿卧推服完成卧推，你就会意识到，她本身就是一个体系。

克雷洛娃的另一个过人之处是，她的训练只包含纯粹的力量举项目，没有任何辅助练习。"卧推，只有卧推！"她的俄罗斯教练帕维尔·切利尼舍夫坚持认为，"在任何情况下，你都不应该安排其他练习，包括那些针对肱三头肌、肱二头肌的练习。你必须训练卧推，其他什么也不要做。我可以解释原因。当你开始训练时，你必须把拥有的力量和精力集中到比赛项目中。当然，你不能忘记恢复过程。从一件事中恢复状态要比从多件事中恢复状态更容易。"切利尼舍夫的卧推训练计划在俄罗斯力量举精英中风靡一时。以下是他的一种训练计划。

为了获得强大的启动力量，切利尼舍夫设计的杠铃杆在胸前的停顿时间超长，达到了5秒。他不太关心训练重量的百分比，这使他赢得了老派美式力量举训练者的掌声。通过在每次训练结束时采用接近当前1 RM的重量进行退行性训练，切利尼舍夫的训练计划是高度个性化的。这样的训练是在疲劳的背景下进行的。通过大重量的单次组训练，你可以计算出每次训练使用的重量。

适合慢速训练的"停顿卧推"

切利尼舍夫的训练计划是基于"借力卧推"技术设计的，如上文所述。在这种卧推方式中，杠铃杆压在胸部，直到推举之前，手臂都是保持放松的。这个训练计划不适用于研磨力量的慢速训练，因为肌肉长时间处于紧张状态会变得疲劳，无法按计划完成训练。尽管如此，对于那些采用慢速卧推技术进行高强度训练的运动员，停顿并不是毫无价值的。相反，停顿有助于形成强大且可预计的启动力量，塑造发达的肌肉。你只需使用不同的训练计划，停顿之后将之搁置一旁。得克萨斯州的龙尼·雷（Ronnie Ray）是第一个以198磅（89.8千克）的体重卧推500磅（226.8千克）的人，他提供了一个很好的训练计划示例。马蒂·加拉赫告诉我，雷会在每次训练的最后安排一次405磅（183.7千克）的、中间停顿30秒的单次组训练。效果好极了！

力量举先锋龙尼·雷
照片由《美国力量举》杂志友情提供

比如，你的最大卧推重量是220千克，你由此估计得到的、可以在任何时间（即使在训练后身体处于中等疲劳状态）进行单次组训练的重量为180千克。你应按照下面的方式安排训练。

训练	重复次数	系列数	重量增幅	停顿时间
1	3，5，3	3	10千克	3秒

进一步展开就是：

150千克×3，5，3（停顿3秒）

160千克×3，5，3（停顿3秒）

170千克×3，5，3（停顿3秒）

180千克×1（合规的停顿）

在示例中，一套重复次数为（3，5，3）这样的训练组被称为"系列"，属于俄式力量举训练计划中的常规设置。在上述示例中，重复次数为（3，5，3）的训练组重复了3次。

俄式力量举中的"次数波动"

切利尼舍夫并不是唯一一个支持在基于组数/重复次数的训练计划中，在保持训练重量不变的情况下，通过改变重复次数引入变化的俄罗斯力量举教练。下面给出了国际力量举联合会世界锦标赛银牌得主马克西姆·巴尔哈托夫（Maxim Barkhatov）的训练计划，他的指导教练是俄罗斯的杰出教练弗拉基米尔·科尔图诺夫（Vladimir Kortunov）。已用粗体突出显示重复次数，以便于你发现其波动规律。

马克西姆当时的力量举成绩：深蹲380千克，卧推270千克，硬拉365千克。

准备阶段第2周

周一

- 山羊挺身——10/2
- 跳马（跳箱子）——10/2
- 深蹲——70千克×8，120千克×7，170千克×5，220千克×3，**270千克×（5，3，5）；290千克×（3，5，3）**
- 卧推——70千克×10，130千克×5，**170千克×（3，5，3），180千克×（3，5，3），190千克×（3，5，3）**
- 直立划船——8/5

周二

- 山羊挺身——10/2
- 击掌俯卧撑——5/3
- 5秒停顿卧推——70千克×10，130千克×5，170千克×2，185千克×3，200千克×2，215千克×1
- 卧推锁定——230千克×RM数
- 仰卧臂上拉——10/3

周三

- 山羊挺身——10/2
- 硬拉至膝盖——70千克×8，130千克×5，170千克×3，**220千克×3，250千克×（3，5，3，5，3）**
- 3秒停顿卧推——70千克×10，130千克×5，170千克×3，**180千克×（3，5，3）；190千克×（3，5，3）**
- 硬拉锁定——120千克×8，170千克×5，220千克×3，**270千克×（5，3，5）；290千克×（5，3，5）**
- 耸肩——10/5

周四

休息。

周五

- 山羊挺身——10/2
- 立定跳远——1/10
- 深蹲——70千克×8，120千克×7，170千克×5，220千克×3，**270千克×（3，5，3，5，3）**

- 5秒停顿卧推——70千克×10，130千克×5，170千克×（3，3）
- 俯身划船——8/5

周六

- 山羊挺身——10/2
- 击掌俯卧撑——5/3
- 3秒停顿卧推——70千克×10，130千克×5，170千克×3，185千克×5，200千克×3，215千克×1
- 中性握姿卧推——170千克×RM数
- 哑铃飞鸟——10/3

周日

休息。

比赛阶段第1周

周一

上午10点

- 山羊挺身——10/2
- 深蹲——70千克×8，120千克×7，170千克×5，220千克×3，**270千克×（5，3，5，3）**
- 悬挂举腿——20/1

下午5点

- 山羊挺身——10/2
- 2秒停顿卧推——70千克×10，130千克×5，180千克×3/3，190千克×3/3，200千克×3/3
- 箱式硬拉——8/3
- 硬拉——120千克×7，170千克×5，220千克×3，270千克×5/3（重复次数/组数），290千克×3/3，310千克×2/3，330千克×1
- 耸肩——10/3

周二

- 山羊挺身——10/2
- 3秒停顿卧推——70千克×10，130千克×5，180千克×2，200千克×2，220千克×2，240千克×2
- 卧推锁定——260千克×RM数
- 直立划船——10/3

周三

· 山羊挺身——10/2

· 2秒停顿卧推——70千克×10，130千克×5，180千克×3/2，190千克×2/3，200千克×3/2

· "早上好"——8/3

周四

· 山羊挺身——10/2

· 3秒停顿卧推——70千克×10，130千克×5，180千克×2/2，190千克×2/2，200千克×2/2

· 坐姿拉力器划船，到腹部——10/3

周五

上午10点

· 山羊挺身——10/2

· 深蹲——70千克×8，120千克×7，170千克×5，220千克×3，290千克×3/3，330千克×1

· 悬挂举腿——20/1

下午5点

· 山羊挺身——10/2

· 2秒停顿卧推——70千克×10，130千克×5，180千克×3，200千克×3，220千克×3，240千克×1

· 中性握姿卧推——180千克×RM数

· 箱式硬拉——8/3

· 硬拉——120千克×2，140千克×5，220千克×3，**270千克×（5，3，5，3）**

· 俯身哑铃侧平举——10/3

周六

· 山羊挺身——10/2

· 3秒停顿卧推——70千克×10，130千克×5，180千克×2，190千克×2，200千克×2

· 哑铃飞鸟——10/3

切利尼舍夫指出，在同一系列中应使用相同的重量，在下一系列中再尝试增加重量。重量的增幅是特定的：5千

克、7.5千克或10千克。显然，10磅（4.5千克）、15磅（6.8千克）和20磅（9.1千克）也是可以的。

为了确保你可以理解矩阵的功用，这里还给出了另一个例子。

训练	重复次数	系列数	重量增幅*	停顿时间
4	2, 3, 2	2	7.5千克	5秒

165千克×（2, 3, 2）（停顿5秒）

172.5千克×（2, 3, 2）（停顿5秒）

180千克×1（合规的停顿）

像以前一样，我们从180千克的单次训练组开始，以特定的幅度（这次是7.5千克）进行退行性训练。

有时，切利尼舍夫只会设计一个系列。在这种情况下，你应该增加不同训练组使用的训练重量。

训练	重复次数	系列数	重量增幅*	停顿时间
2	2, 3, 2	1	5千克	5秒

165千克×2（停顿5秒）

170千克×3（停顿5秒）

175千克×2（停顿5秒）

180千克×1（合规的停顿）

明白了吗？下面是完整的训练计划，包含40次训练。显然，随着力量的增强，你可以自由调整最后的单次训练组使用的重量，并相应调整其他训练组使用的重量。

最佳训练频率由你自己确定。

俄罗斯人训练卧推的频率较高。例如，马克西姆·巴尔卡绍夫（Maxim Barkashov）每周训练5次卧推。然而，很多人，尤其是来自世界举重组织和世界力量举大会的观点认为，这样的训练频率过高。安德烈·布坚科说："我相信切利尼舍夫的训练计划对女性运动员来说是最好的，尤其是轻量级的女运动员。这一点已经得到了实践验证！在不到半年的时间里，年轻女子可以将其卧推重量从60千克增加到90千克。但男性和女性的肌肉结构是不同的。男性需要更多的恢复时间。这意味着，每周安排3次以上的卧推训练存在风险。"

阶段1（12次训练）

训练	重复次数	系列数	重量增幅*	停顿时间
1	3，5，3	3	10千克	3秒
2	2，3，2	1	5千克	5秒
3	3，5，3	2	7.5千克	3秒
4	2，3，2	2	7.5千克	5秒
5	3，5，3	1	5千克	2秒
6	2，3，2	3	10千克	5秒
7	2，3，2	3	10千克	3秒
8	3，5，3	1	5千克	5秒
9	2，3，2	2	7.5千克	3秒
10	3，5，3	2	7.5千克	5秒
11	2，3，2	1	5千克	3秒
12	3，5，3	3	10千克	5秒

阶段2（8次训练）

训练	重复次数	系列数	重量增幅*	停顿时间
13	3，3	2	10千克	2秒
14	2，2，2	3	7.5千克	3秒
15	3，3，3	1	7.5千克	3秒
16	2，2	2	10千克	3秒
17	2，2	2	10千克	2秒
18	3，3，3	1	7.5千克	1秒
19	2，2，2	1	7.5千克	2秒
20	3，3	2	10千克	3秒

阶段3（12次训练）

训练	重复次数	系列数	重量增幅*	停顿时间
21	3，3，3	3	10千克	3秒
22	2，2，2，2	1	5千克	5秒
23	3，3	3	7.5千克	3秒
24	2，2	3	7.5千克	5秒
25	3，3，3，3	1	5千克	3秒
26	2，2，2	3	10千克	5秒
27	2，2，2	3	10千克	3秒
28	3，3，3，3	1	5千克	5秒

续表

训练	重复次数	系列数	重量增幅*	停顿时间
29	2，2	3	7.5千克	3秒
30	3，3	3	7.5千克	5秒
31	2，2，2，2	1	5千克	3秒
32	3，3，3	3	10千克	5秒

阶段4（8次训练）

训练	重复次数	系列数	重量增幅*	停顿时间
33	3，5，3	2	10千克	2秒
34	2，2，2	1	7.5千克	3秒
35	3，5，3	1	7.5千克	2秒
36	2，3，2	2	10千克	3秒
37	2，3，2	2	10千克	3秒
38	3，5，3	2	10千克	3秒
39	2，3，2	1	7.5千克	2秒
40	3，5，3	2	10千克	3秒

* 如果每次训练只包含一个系列，则在每组训练之后按照所列数字增加重量。如果明确规定了多个系列，则保持3个训练组使用相同的重量，在下一个系列增加重量。在每次训练的停顿训练组结束后，再次按照所列数字增加重量，完成比赛风格（合规的暂停）的单次组训练。

　　我将用几年前，马蒂·加拉赫为《美国力量举》杂志写的一篇文章——《俄罗斯之谜》（*The Russian Mystery*）进行总结。

　　"俄罗斯的力量举运动员在饮食、训练和生活习惯方面拥有原始的共性。他们缺乏多样性。物质条件的匮乏要求他们专注于基础的力量训练项目，他们专注于训练深蹲、卧推和硬拉，很少训练其他项目。谁能争辩——我们应该效仿他们，回归有目标的原始训练。

　　也许是因为物质条件不够好才迫使运动员依赖深蹲、卧推和硬拉这些基础练习。也许失去了某些东西反而使他们得到了救赎。不管原因是怎样的，我们应该更重视基础训练项目。在欧美国家，我们则被令人眼花缭乱的持续创新、训练捷径、光亮的健身器材和过度宣传的营养补剂所迷惑。人类天性更喜欢多种选择而非别无选择，更喜欢多样性而非单调，但对力量举而言，或许优越的物质条件就是毁灭的开始，不断寻求多样性（生活的调味品）很可能是死亡之吻。

　　与此同时，乌克兰人和俄罗斯人则心无旁骛，专心致志地用杠铃训练深蹲、卧推和硬拉，其他什么也不做。这种原始的、专注的、完全缺乏多样性的训练方法是否就是苏联成功的秘诀呢？"

俄罗斯人如何训练过顶推举

第一部分：理论

    无论你是一名力量举运动员，还是不屑于躺下做任何练习的米罗（Milo）式训练者，这部分内容就是为你量身定制的。它会向你展示，当过顶推举还是奥林匹克项目时，俄罗斯举重运动员是如何完成它的。如果你是一个严格意义上的喜欢过顶举重的人，你可以学到如何将更大的重量举过头顶的技术；如果你是一位力量举运动员，你会学到如何更安全、更有效地训练肩膀的技术。

    尽管许多顶级的俄罗斯卧推运动员都训练过顶推举，包括排名第一的弗拉基米尔·克拉夫索夫，但是关于过顶推举是否对卧推有益仍然处于争论中。如果你认为过顶推举有益，那你应该选择站姿推举，而不是坐姿推举。之所以如此，俄罗斯的卧推领军人物弗拉基米尔·米罗诺夫（Vladimir Mironov）给出了一个令人信服的理由，那就是在坐姿下完成过顶推举很容易受伤。而且，在坐姿条件下，如果杠铃脱离了正确的路径，你无法使其回归正轨。在站姿过顶推举中，你则可以通过调整身体位置做出补救。

    这部分内容的创作源于伟大的举重运动员、举重教练和科学家，诸如阿尔卡季·沃罗比约夫（Arkady Vorobyev）、罗伯特·罗曼（Robert Roman），罗迪奥诺夫等人。我选择的过顶推举版本介于埃尔维斯·普雷斯利（Elvis Presley）时代的极限推举（保持全身绷紧，并且杠铃杆要跟随裁判员的手指移动）与甲壳虫时代的"节奏推举"（根本算不上推举）之间，这是大多数举重训练者都会认同的版本，需要背部稍稍弯曲，只使用手臂和肩膀的"严格"力

斯图格夫创造属于自己的推举世界纪录

量。你会像推举世界冠军和世界纪录保持者V. 斯托戈夫（V. Stogov）那样完成推举。即使在年纪很大的时候，斯托戈夫仍然可以依靠蛮力完成推举。这是他的竞争对手难以企及的。

在 20 世纪 60 年代和 70 年代，推举有多难?

"节奏推举"只是俄罗斯人委婉的叫法，其实根本算不上推举，只是一种高度复杂的"躯干挺举"。在翻举之后，举重者会将髋部前推，使背部拱起。在听到推举指令后，举重者会爆发式地从这种伸展姿势推进到挺直的姿势，同时把杠铃向前、向上抛起。想象一下部分动作幅度的罗马椅仰卧起坐（实际上，负重罗马椅仰卧起坐被用作辅助练习）。当运动员站直身体的时候，杠铃杆处于与下巴平齐的位置。此时举重者的身体会再次迅速后仰，躯干"二次下沉"，然后将杠铃向前、向上推起并锁定。

"节奏推举"

握姿

有三种握杠方式——常规握法、锁握和假握。俄罗斯人通常喜欢拇指环绕杠铃杆，但不需要扣住拇指的握法。

如果推举的重量很大，你可能需要以锁握的方式握杠。RKC学员麦克·伯格纳（Mike Burgener）回忆道："在训练推举时，我会在翻举杠铃时使用锁握的方式，但在支撑重量时，我会松开拇指。"

拇指不环绕杠铃杆的抓握方式是最为理想的，但前提是你拥有船长粉碎机（Captains of Crush®）认证的手套。"手指位于杠铃杆的同一侧（单侧）握杠是有优

势的，因为它允许只靠手腕定位杠铃
杆，且手腕与前臂之间的角度是所有
三种握法中最小的。"沃罗比约夫解
释道。至少在理论上是这样的。在实
际操作中，情况可能恰恰相反。这位
奥运冠军和专家警告说，因为拇指不
环绕杠铃杆的抓握方式很难抓紧杠铃
杆，容易造成杠铃杆从指间滑脱。

推举时你还可以选择窄握距（双
手间距小于肩宽）、中握距（双手间
距与肩同宽）或宽握距（双手间距大
于肩宽）握姿。正如所预料的那样，
肱三头肌强壮和启动力量较强的运动
员更适合使用窄握距，三角肌发达的
运动员使用宽握距更有优势。中握距
握姿则可以把训练负荷较为均匀地分
配在各个肌群上。罗迪奥诺夫建议，
脊柱后凸和/或肩关节灵活性不足的运
动员宜采用宽握距的握姿。

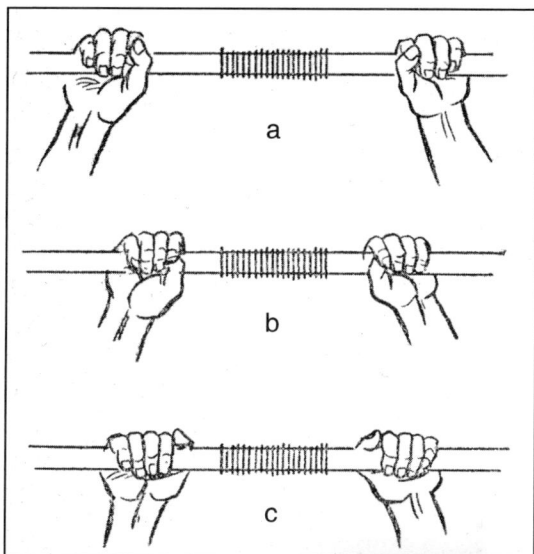

三种握杠方式

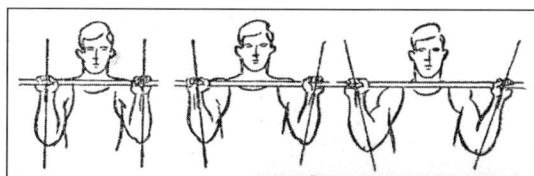

选择适合你的握距

呼吸

在即将翻举前呼气，然后吸气，
但不要深呼吸，并在翻举和推举过程
中屏住呼吸。对于初学者，建议在翻举后，杠铃杆位于胸部时额外进行一次较浅的呼
气和吸气。

重复推举时，在动作的反向阶段小幅呼气，当杠铃杆位于胸部时吸气，并完成推
举。推举时应屏住呼吸。

翻举

年轻的马蒂·加拉赫从《力量与健康》（*Strength & Health*）的照片中习得举重
方法。直到第一次比赛时，他还一直以为，翻举必须用一个动作利索地完成，并且绝
不能弯曲膝关节。由于这个幸运的错误，他成功地开发了一种堪称训练杀手的全程拉
力练习，获得了如大猩猩般强壮的斜方肌。在这种杀手练习的基础上加上屈膝动作，

罗曼无下沉翻举技术

新的练习简直是小菜一碟。在17岁的时候，马蒂赢得了他的第一个全国青少年举重冠军，并以198磅（89.8千克）的体重推举260磅（177.9千克）的成绩创造了美国业余体育联盟青少年组的推举纪录。我猜想，如果能跟随加拉赫的脚步，大多数人都可以完成一次像样的翻举。

罗迪奥诺夫认为无屈膝翻举是一种十分理想的练习，但同时他也意识到，很少有举重者可以使用最大重量完成这个练习。下面是罗曼介绍的一种无屈膝技术的变式：当杠铃杆触及胸部时，伸展身体，踮起脚尖；当脚跟落下时，杠铃会正好处在你需要的推举位置。

尽管许多举重运动员都使用这种技术，但罗曼并不喜欢它，因为当重量很大时，它可能会因为撞到运动员的胸部而使其后退。很显然，这不仅会浪费力量，而且会使张力"泄漏"。也就是说，除非你具备戴维·里格特的力量和节奏推举技术，能够以198磅（89.8千克）的体重推举436磅（197.8千克）的杠铃，有多少人拥有这样的能力呢？有多少人可以仅靠肌肉的力量完成最大推举重量的翻举呢？否则的话，你只能以稍微屈膝同时不移动双脚的方式训练翻举。

指导翻举超出了这部分内容的覆盖范围，而且，我也不擅长翻举。如果你不知道如何训练翻举，又没有教练指导，我建议你阅读一本专门讲解这项练习的书。注意，当你完成推举前的翻举部分动作时，你的肘部抬起的高度不应像挺举时那样高。

准备推举

罗迪奥诺夫的研究表明，双脚站距是影响推举力量的一个重要因素。当运动员的双脚站距与肩同宽时，推举的力量是最大的。双脚距离变宽，力量会变弱；双脚距离变窄，发力会更困难。另一个需要考虑的因素是脊柱的灵活性。如果运动员有身体过度向后倾斜的倾向，建议其采用较窄的站距，以保持背部更加硬挺。此外，灵活性受限制的举重运动员可以从双脚间距较宽的站姿中获益，因为为了把自己"楔"入杠铃杆和地面之间，需要背部稍微弯曲。双脚外展10°~20°对大多数人来说效果最佳，虽然双脚平行甚至内扣的姿势也有人采用。

扩胸，挺胸。头部稍向后仰。抬起下巴，展开双肩——与壶铃举重相反。将髋部稍向前推，使杠铃杆的重心投射到脚中心，收紧臀肌和大腿肌肉。在推举最大重量的情况下，即使是严格的推举，背部也会不可避免地出现些许弯曲。即便如此，你要试着弯曲上背部而不是下背部，就像第119页照片5中斯图格夫所做的那样。这样不仅你的推举可以看起来更加严格，同时可以使你更轻松地将杠铃推举到位。

当你支撑杠铃杆时，杠铃的大部分重量会落在胸部，而不是手臂上。手臂只是半绷紧，并不像身体的其他部位那样处于紧张状态。挺胸，绷紧背部肌肉，用力收缩臀肌。罗曼警告说，如果你的下背部和臀肌较为松弛，那么推举的力会让你的身体"下沉"，而杠铃杆会保持在原处。只有当这些部位绷紧时，杠铃杆才会移动。这正是我们在阿诺

倘若你非屈膝不可，至少不要移动双脚

德健身博览会（Arnold Expo）上看到的，当时我们向健美运动员提出挑战，要求他们推举一只重型壶铃，结果他们因为身体的松弛而使手臂和肩膀的力量深陷泥沼，推举失败。因此，必须保持肌肉绷紧！

苏联举重权威人士罗迪奥诺夫证明，当你将杠铃杆放在锁骨下方3~5厘米的位置起始推举时，推举的力量最强。当然，这个结论并不适用于节奏推举，因为节奏推举中杠铃杆位置很高，三角肌并不是起始推举真正需要的。杠铃杆刚好处于锁骨下方时，推举力量较弱；杠铃杆刚好位于锁骨之上时，推举力量同样较弱。尽管把杠铃杆放在锁骨下方更为有利，但罗迪奥诺夫并不建议把杠铃杆放得过低，因为，尽管较低的位置能够更好地预拉伸肩部，但同时大大增加了杠铃杆的移动距离。因此，必须在增加三角肌负荷和减小

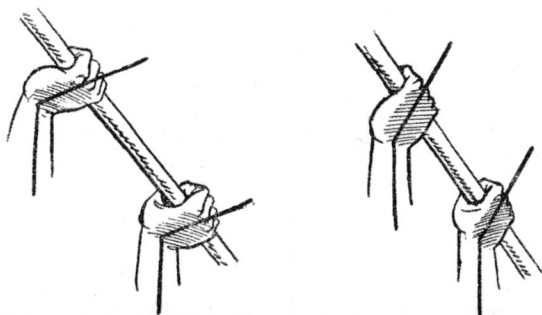

右图是手腕的正确姿势，左图的姿势容易造成疲劳和受伤

动作幅度之间找到一个平衡点。前臂的长度显然是一个影响因素。罗迪奥诺夫允许双臂较长的举重者将杠铃杆放在锁骨上。

将肘部稍稍向前、向内推。如果你使用的是窄握距，需要将双肘顶紧身体。切勿将双肘抬高，这样会使三角肌处于收缩状态，使你丧失启动推举的力量。

对于严格的推举，你的肘部必须严格地处于杠铃杆正下方，或者可以稍微前伸一点，但绝不能位于杠铃杆之后。正如俄罗斯举重运动员所说的，肘部处于"伸展负荷"状态。

杠铃不是壶铃，因此无法使用中性的手腕姿势，否则杠铃杆会向前移动。手腕需要伸展（向后弯曲）以引导上下运动。过度伸展会导致腕关节无力和韧带损伤。

再次提醒，手腕和手臂应该是半绷紧的，不能完全放松。阿列克谢·梅德韦杰夫教授回忆道："我和我的教练罗曼·帕夫洛维奇·莫罗兹（Roman Pavlovich Moroz）一起，决定重新审视我的推举姿势，因为推举是我得分最低的项目。我们坐下来反复看磁带，找到了那个阻碍我提高的错误——当杠铃杆位于胸前时，我在启动推举之前稍微放松了手腕，结果导致肘部稍稍后移。虽然用眼睛很难察觉这种变化，但结果就像刹车一样明显。肘部后移会导致推举启动时手腕向前移动，因此使得杠铃杆被向前猛推。为了保持整体平衡，身体不得不向后仰，结果就形成了规则禁止的姿势。"

推举

严格推举的前半部分本质上是针对三角肌前束的前平举，理解这一点非常重要。这意味着，应该由你的肘部，而不是双手来支撑重量。注意不要用手指用力挤压杠铃杆，不要耸肩。要假装你没有上臂，让杠铃杆靠在肘部的末端。现在，保持前臂垂直，完成"前平举"。

肩膀随肘部一起上抬是一种典型的错误，说明你的手臂肌肉过于紧张了。

有些运动员会将肘部向后推，然后爆发式地将其前推，使其到达稍微越过杠铃杆的最佳位置，以获得一定的动量。罗迪奥诺夫补充说，你必须将肘部向内、向上推，才能获得有利的杠杆效应。这与《徒手斗士》中使用的"螺旋"技巧效果相同。不过，这位俄罗斯专家警告说，肘部向内的压力也不要过大，否则会产生三个不良后果。第一，它会使杠铃杆被前推得太远；第二，三角肌和提拉肩胛骨的肌肉并不能完全受力；第三，你的身体会进一步后仰。

从运动员训练的俯视图来看，在开始将杠铃杆推离胸部时，肘部应外展45°。在此之前，肘部不宜张开，因为肘部过早张开会使强壮的三角肌前束无法发挥作用。这是在超级严格的老式推举中发生的事情。罗迪奥诺夫回忆说，在1950年之前，背部稍微弯曲都会招致红灯亮起，因此运动员必须在动作起始时立即前倾身体，推动头部向前、向下，并迅速外展肘部。

一些俄罗斯举重运动员会打开双手等待推举指令，在推举开始时，会用力握住杠铃杆。罗迪奥诺夫坚持认为，在收到裁判的指令前，双臂必须处于无负载状态，这个过程会在将杠铃杆支撑到胸前之后持续整整2秒。他指导说，当你准备将杠铃杆推离胸部时，手臂和肩膀的肌肉张力必须处于最佳状态。过度绷紧会激活拮抗肌，放松则是"最糟糕的错误"。不过，必须收紧臀肌。罗曼警告说，不要在推举之初用力抓握杠铃杆，并强调说，要通过肘部的向上运动带动杠铃杆向上。

"在推举的前半部分，肩关节是旋转的主轴。然而，当肘部到达肩关节的高度时，旋转中心会转移到肘关节。"罗迪奥诺夫总结说。当上臂与地面平行时，三角肌就停止了做功，接下来就是肱三头肌发挥作用了。

罗伯特·罗曼 1968 年举重教科书封面上的经典推举

奥运冠军阿尔卡季·沃罗比约夫建议，应该推动身体远离杠铃杆，而不是推高杠铃杆。听起来很熟悉是吗？这时候，你的身体可能会稍向后仰，但不要超过规则允许的范围（视你选择的具体规则而定）。

向上推举杠铃时应使杠铃杆尽可能地靠近你的前额。当杠铃杆稍微高出头部时，外展肘部，将头和肩膀推至杠铃杆正下方，并将杠铃杆稍向后推完成推举。速度不要太快，否则你将难以锁定杠铃。

如果肩膀绷得过紧，你可能很难正确完成锁定。沃罗比约夫还警告说，这对你的脊柱来说也是个坏消息，因为它可能被过度拉伸。

如果杠铃杆锁定在你的头顶，罗迪奥诺夫认为有两个可能导致这种情况发生的原因。一是在推举起始后，身体前倾完成推举过快，另一个原因是不能稳定保持锁定状态。一些运动员在动作起始时力量较强，但后劲不足。这位科学家强调，你必须一气呵成地完成推举，一旦起始动作就不能有丝毫懈怠。

俄式翻举 – 推举技术总结

- 如果你的三角肌和肱三头肌一样强壮，采用与肩同宽的握距；如果你的肱三头肌较为强壮，握距应小于肩宽；如果你的三角肌较为强壮，握距应大于肩宽。
- 翻举采用常规的、非锁握的、拇指环绕杠铃杆的握法。如果你的握力很强，可以采用假握的握法。
- 如果可能，翻举时不要屈膝。精确地控制杠铃，使杠铃杆处在精确的推举路径上。当杠铃杆处于支撑位置时，肘部不应抬得像挺举中那样高，它们应该只是稍稍前伸越过杠铃杆。
- 站立，双脚站距与肩同宽推举，双脚稍微外展：如果你有身体过度后仰的倾向，就缩小双脚的距离；如果你的背部过于僵硬，就增加双脚之间的距离。
- 将髋部稍向前推，使杠铃杆的重心投射到脚中心，收紧臀肌和大腿、背部的肌肉，挺胸，稍微拱起上背部，展开双肩，头部稍向后仰，下巴向上抬起。
- 将杠铃杆支撑在胸部，位于锁骨下方1~2英寸（2.5~5.1厘米）处，而不是支撑在双臂上。
- 不要用力抓握杠铃杆，保持手臂处于半绷紧状态，手腕需稍向后弯，以引导杠铃杆上下运动。
- 将肘部稍向前、向内推，双肩必须下压，并最大限度地伸展。
- 向上推动肘部，用三角肌起始推举，此时肘部应该外展45°。
- 一种可选的技术：把肘部向后推，然后爆发式地前推，以获得启动力量。
- 一种可选的技术：在起始推举时，把杠铃杆支撑在胸部，打开双手，然后双手用力握紧杠铃杆起始动作。
- 当上臂与地面平行时，肱三头肌发力接管动作，将身体推离杠铃杆，同时稍稍伸展上背部。
- 推举时杠铃杆应尽可能靠近你的前额，当杠铃杆稍稍高于头部时，肘部外展，将头和肩膀向下推至杠铃杆正下方，并稍向后推动杠铃杆完成推举。
- 在即将翻举前呼气，然后吸气，但不要深呼吸，并在翻举和推举过程中屏住呼吸。重复训练时，在动作的反向阶段小幅呼气，当将杠铃杆支撑在胸部时吸气，然后推举，推举时应屏住呼吸。

最后，我将引用尤里·弗拉索夫1963年的短篇小说进行总结。他和马蒂·加拉赫一样，不仅是一位成功的举重运动员，而且是一位非凡的作家。

"……我走上赛场。教练站在我的后面。身前是一座大厅，一片寂静，还有杠铃。杠铃杆上装载着创造新纪录的重量。

我调整背心和腰带。我从教练手中的棉球上嗅到了氨的味道。我走近杠铃，尝试握杠……杠铃杆的质量很不错。滚花切入皮肤。十分锋利，不会被手消磨。我们视这样的滚花为'正常'。它像砂纸一样，无情地撕裂胸部和颈部的皮肤，留下紫色的伤口。作为回报，杠铃杆被牢牢地抓握。手指不会松开。

……我闭上双眼，任由肌肉发挥力量。身体像鞭子一样松散地悬垂。我读着最喜欢的诗，完成仪式。它唤醒了我，帮助我凝聚力量'……战胜自我！'一个声音在耳边回荡。

战胜自我！

战胜自我！

……杠铃杆在我胸前。氧气飘荡在身周。我微吸一口气，并屏住呼吸。肌肉被锁定。我把杠铃重心移至胸部，将手臂从负重中解脱出来……手腕放松下来。肘部内收紧贴身体。指令来了！我开始发力上推。杠铃杆脱离胸部，一路向上。耳边回响着奇妙的声音。

绷紧的肌肉在低唱，像低音弦乐一样发出轰鸣。

杠铃穿过黏滞点，这是最险要的时刻。一个肌群停止工作，将接力棒传递给下一个肌群。但接棒的肌群处于非常糟糕的状态，无法产生最大的力量。杠铃可以停在这里，战斗可以……结束。

我全力以赴。感觉自己被塞进了模子里，并倾尽全力把自己塞进去。而且我还在继续压缩自己！

……一声尖叫如高楼平地拔起般响起。人们尖叫着。这尖叫声驱动我前进。

我没有屈服。我使出身体里最后一丝力气推动双臂。我整个人沉浸在音乐中。低音弦乐在极限怒吼着，最有力量的肌肉在呐喊。每根细小的肌纤维的呻吟声汇聚成主旋律。

我努力用躯干保持平衡。我的脚在鞋子里颤动，但鞋子仍然紧贴地面。你不能将双脚抬离地面，这是规则禁止的。

我全神贯注地关注着头顶的杠铃。整个人如同一只大耳朵一样聆听着它的动静。

起！

脊柱传来剧烈的疼痛。仿佛被人用穿靴子的脚猛踢。

周围除了斑驳迷离的点空无一物。随之而来的还有人们的尖叫。它令我振奋，让我忘记了疼痛，让我伸直双臂。

好样的！

太棒了！是裁判的声音。

疲劳立即向我袭来，仿佛一张巨大的湿床单落在我的身上。

我要回家了……兴奋逐渐消散。但我一直向前走着，走着。内心的喜悦之情溢于言表……"

第二部分：训练

作为有史以来最伟大的摇滚乐队，滚石乐队激励和孕育了许多著名的摇滚歌手。20世纪60年代苏联的卧推训练体系也具有同样的地位。它奠定了谢科和西蒙斯运用于21世纪的三种主要力量举训练法中两种的基础。我甚至会冒昧地断言，如果一名力量举运动员能够严格地将苏联奥林匹克卧推的训练法运用于他的专项，并进行适当的辅助训练，明显降低训练频率，他的成绩将位居第一。因为"滚石乐队"仍然具有统治力。

为经典推举加重

比赛式推举被尊为"经典推举"。通常每两天训练一次，并且可以在休息日安排小重量的局部肌肉训练。

在经典推举的训练中，即使使用的是小重量，重复次数也从未超出5~6次的范围。随着杠铃重量增加到1 RM的60%~75%，举重运动员仍会将大多数训练组的重复次数控制在最大值的80%~90%，大部分都是每组2~3次重复。每周安排一次1 RM的训练。苏联专家认为，运动员每周安排一次1 RM的训练可以获得最好的推举训练效果，因为推举对神经系统的刺激相比翻举-挺举以及抓举较小。

在普里列平（Prilepin）之前的近10年，罗曼确定了与训练重量百分比匹配的正确重复次数：90%的重量重复6次，95%的重量重复4次，95%~100%的重量重复2次。"看起来，在经典练习和专门的准备练习的训练中，运动员举起最佳重量的频率越高，重量增长效果也越快。但实际上不太可能，因为经典训练中的大重量系统训练（尤其在训练重量百分比达到90%~95%时）会导致中枢神经系统疲劳，导致运动员最终无法举起这一重量。因此，取得重量增长效果的另一个条件是，在经典练习和专门的准备练习的训练中，应给出特定杠铃重量下的最佳重复次数。"

尽管俄罗斯人保持90%的训练重量百分比，并控制重复次数，但他们并没有减少整体训练量。如果将经典练习和专门的推举练习的重复次数加起来，它们常常会超过50次。苏联教练通常会把这样的训练量分成两个甚至三个系列，并由其他不相关的练习（比如抓举和深蹲）分隔开，可以从下面罗伯特·罗曼给出的示例计划中体会到这些。

1. 力量抓（直腿抓举）：4组，可以踮起脚尖，但不能二次屈膝。
2. 推举：6组，逐渐增至最大重量。

3. 抓举：8~10组。

4. 颈后深蹲：5组。

5. 宽握距和窄握距推举：6组，每组6次重复，交替安排宽握距和窄握距的训练组。

6. "早上好"：3组。

这位苏联教练认为，切换至另一种不同的练习是一种积极的休息方式。如果你一直在开采铀矿，你肯定会觉得去西伯利亚伐木是一个令人愉快的假期。

训练示例中推举训练量的分配，以重复次数表示（基于罗曼，1968）

训练初期	训练中期	训练后期
30	20	
30		20
	30	20
20	15	15

沃罗比约夫的训练课程

奥运冠军兼教授阿尔卡季·沃罗比约夫倡导的训练量要比他的同行低一些，每次训练中的重复次数不会超出30~40次这个范围。同样，他也把推举训练量分几次完成，在训练初期、训练中期和训练后期都安排了5~6组训练。下面是一位经验丰富的举重运动员采用沃罗比约夫的训练方法训练推举的概貌。

选择比最大重量小40~45千克的重量，推举3~4次。增加10千克重量，继续推举3次。然后将训练重量增加到比1 RM小10~15千克的程度，完成5~6组、每组2~3次重复的训练。第一个训练系列就完成了。

由于站姿推举的背部压力过高，沃罗比约夫和他的同事主张在训练中混合上斜卧推、负重屈臂撑和其他一些脊柱压力较小的推力练习。在第二个训练系列中，他可能会做卧推，在第三个训练系列中，则安排双杠屈臂撑或吊环屈臂撑。这使得三种渐进式的、类型特异性差一些的推举类练习可以被不相关的练习分隔开。

在第二个训练系列中，沃罗比约夫的运动员可能会以相同的方式，从经典推举开始训练，然后，在用其他练习进行"积极休息"之后，他会使用大重量训练宽握距或窄握距推举（两种训练组交替进行），训练3~4组、每组2~3次重复。

在第三个训练系列中，经典推举被借力推举取代。在随后的训练中，运动员会进行上斜卧推。在第四个训练系列中，举重运动员会进行最大负荷的水平卧推，然后以从架子上取下杠铃而非翻举杠铃的方式训练推举。其他可能的训练组合包括经典推举加卧推，借力推举加支架推举，以及许多其他组合。

　　所有苏联的举重达人都坚持认为，训练负荷必须加入波动。沃罗比约夫设计了一种万无一失的减重训练体系，在经历了一系列的高强度训练后，如果疲劳加剧，他会把减重训练加入轮换中。保留50%的重量，每组只完成1~2次重复。在1.5小时中只安排你最喜欢的练习，训练强度也不要太大。沃罗比约夫保证，经过这样的恢复训练后，你就能再次回归大重量训练。

罗曼训练的组数和重复次数

　　另一位冠军和超级科学家罗伯特·罗曼，设计了很多训练组数和重复次数的组合方案，制订了简单并且行之有效的推举训练方案。相对于重量百分比而言，他更喜欢以千克标明重量的训练方案。我做了换算，但没有必要完全遵从纸面上的数字，组与组之间的重量增幅为5~10千克或10~20磅，就可以使训练重量处于所列重量百分比的范围之内。

　　前四个训练组数和重复次数的组合方案适用于可以推举60千克（稍低于135磅）的初学者。前两个训练组数和重复次数的组合适用于运动员体能充沛之时使用，后两个训练组数和重复次数的组合适用于运动员在相对疲劳之时使用。

1.初学者，训练初期

　　40千克×4/2（重复次数/组数），50千克×3/4（60千克为最大重量）

　　67%×4/2，83%×3/4

2.初学者，训练初期

　　40千克×5，45千克×4，50千克×3/2，55千克×2/2（60千克为最大重量）

　　67%×5，75%×4，83%×3/2，92%×2/2

3.初学者，训练后期

　　宽握距训练组与窄握距训练组交替

　　35千克×5，45千克×4/4（60千克为最大重量）

　　58%×5，75%×4/4

4.初学者，训练后期

　　宽握距训练组与窄握距训练组交替

　　40千克×4/2，50千克×2/2，45千克×3（60千克为最大重量）

　　67%×4/2，83%×2/2，75%×3

　　对于经验丰富的举重运动员，罗曼建议，当使用中等重量（重量百分比为75%~85%）进行训练时，应在训练中安排约8组的经典推举训练，再加上12~15组的推举变式训练。这里有一些训练方案可供选择。

5. 经验丰富的运动员，中等训练强度

50千克×4，60千克×4/2，75千克×4（92.5千克为最大重量）

54%×4，65%×4/2，81%×4

在75%~85%的训练强度范围，重复次数总计4次

6. 经验丰富的运动员，中等训练强度

55千克×4，65千克×4，75千克×3/6（92.5千克为最大重量）

59%×4，70%×4，81%×3/6

在75%~85%的训练强度范围，重复次数总计18次

7. 经验丰富的运动员，中等训练强度

50千克×4，60千克×1，70千克×3，80千克×2/5（92.5千克为最大重量）

54%×4，65%×1，76%×3，86%×2/5

在75%~85%的训练强度范围，重复次数总计13次

8. 经验丰富的运动员，中等训练强度

在这个训练计划中，罗曼交替安排较大重量和较小重量的训练组，这种训练法在40年后的俄罗斯力量举训练中运用十分普遍。

50千克×4，60千克×4，（70千克×3，75千克×3）/3（92.5千克为最大重量）

54%×4，65%×4，（76%×3，81%×3）/3

在75%~85%的训练强度范围，重复次数总计18次

9. 经验丰富的运动员，中等训练强度

70千克×3/2，95千克×3/2，100千克×3/4（120千克为最大重量）

60%×3/2，80%×3/2，85%×3/4

在75%~85%的训练强度范围，重复次数总计18次

10. 经验丰富的运动员，中等训练强度，准备阶段

这次训练的训练量和重复次数较大，因为它属于准备阶段。

60千克×6/2，75千克×6/2，80千克×5/2，85千克×4/2（100千克为最大重量）

60%×6/2，75%×6/2，80%×5/2，85%×4/2

在75%~85%的训练强度范围，重复次数总计30次

对于更大的训练重量，罗曼提供了几种选择。他警告说，每个可选方案每隔7~10天安排一次，不要超过这个训练频率，并且只有当你的身体准备好，能够全力以赴时才能考虑它们。请注意高强度训练区间对应的正确训练量。

11. 经验丰富的运动员，最大训练强度

50千克×3/2，70千克×2，80千克×1，90千克×1，尝试92.5千克×1（90千克为最

大重量）

56%×3/2，78%×2，89%×1，100%×1，尝试103%×1

90%的训练强度，次数总计1次；100%的训练强度，重复次数总计2次

12.经验丰富的运动员，最大训练强度

60千克×3/2，75千克×1/2，85千克×1/2，95千克×1，100千克×1（100千克为最大重量）

60%×3/2，75%×1/2，85%×1/2，95%×1，100%×1

在95%~100%的训练强度范围，重复次数总计2次

13.经验丰富的运动员，高强度

70千克×4/2，90千克×3，100千克×2，115千克×1/4（120千克为最大重量）

60%×4/2，75%×3，85%×2，95%×1/4

95%的训练强度，重复次数总计4次

14.经验丰富的运动员，高强度

85千克×3/2，105千克×3，120千克×3，125千克×2/3（140千克为最大重量）

60%×3/2，75%×3，85%×3，90%×2/3

90%的训练强度，重复次数总计6次

推举辅助练习

罗曼深信，如果没有安排各种辅助练习的训练，就不可能完成高重复次数的推举。

沃罗比约夫主张，将总训练量的50%~80%分配给辅助练习。

罗迪奥诺夫强调："经典推举的成绩取决于特定辅助练习成绩的提高。"但他同时警告说："训练者不应该被特定的辅助练习带偏。仍然要保持经典推举作为基础练习的地位。"

这位科学家建议，在单次训练中包含2~3种推举变式练习，其中至少有一种与经典推举非常相似。关于辅助练习的选择，他给出了两条非常重要的指导原则。第一，必须高度重视可以锻炼落后肌群的练习。第二，如果运动员注意到，某个特定辅助练习的成绩显著提高对经典推举成绩的提高没有明显帮助，那么应把这种练习剔除，替换为另一种练习。

特定推举变式的训练量通常略小于经典推举。罗曼建议在训练重量百分比75%~85%的中等强度下，安排5~8组、每组3~4次重复的训练。罗迪奥诺夫指出，特定推举变式的训练重量应保持一致，只能随经典推举重量的增加而增加。只有少数情况下，俄罗斯举重运动员才会在特定变式训练中使用最大或接近最大的重量，并在训练结束时以60%~70%的最大重量完成4~6次重复的退行组训练。

基础练习的微调变式十分常见。"常见的微调整包括双手握距、身体相对于杠铃的位置、双腿的位置变化等。辅助练习应该变化多样，这样身体就不会对训练习以为常，并能时刻对训练保持新鲜感。"罗迪奥诺夫写道。例如，卧推时可以使用宽握距和窄握距、杠铃杆可以接触胸部不同的位置（稍向上和稍向下），以及调整不同的上斜角度。

这位苏联举重权威人士还建议，在晨练的内容中加入额外开发的练习：抬高双脚的俯卧撑、在两把椅子间完成的靠墙倒立撑、壶铃和哑铃推举。晨练应该保持小训练量和低训练强度，训练时长控制在20~30分钟。

与那些需要打磨经典推举技术的人相比，经典推举技术较好的运动员应该在特定变式上投入更多时间。在距离比赛时间还很长时，有些人甚至根本不训练经典推举，只训练特定的推举变式。

下面介绍了一些苏联最受欢迎的经典推举的辅助变式。除非特别说明，"推举"都是指站姿过顶推举。

窄握距推举

这是一个可以提高启动速度和启动力量的非常有用的练习。沃罗比约夫有时会使用双手几乎挨在一起的超窄握距，以产生针对肱三头肌的额外刺激。

除了增强力量，这种练习还可用来矫正肘部过早外展的问题，这个问题常常导致强壮的三角肌前束无法发挥作用。

宽握距推举

这项练习针对三角肌欠发达、滞后于其他肌群的运动员，以及当杠铃杆到达双眼高度时很难继续提升杠铃的运动员。因为宽握距能防止耸肩，这种练习也被用于矫正耸肩倾向的治疗训练。

宽握距推举中握杠的宽度范围可以在相比比赛握距宽1~2英寸（3~5厘米）与抓举握距的宽度之间，典型的握距比比赛握距宽4~8英寸（10~20厘米）。

窄握距和宽握距的推举训练组通常需要交替安排。以下是罗伯特·罗曼介绍的训练方法。

15.宽握距和窄握距推举交替

60千克×3/2，70千克×3/2，80千克×3/4（100千克为最大重量）

60%×3/2，70%×3/2，80%×3/4（特定推举变式使用的训练重量百分比基于比赛推举的最大重量制订）

把杠铃杆放在下胸部或腹部起始的推举

这个练习可以很好地拉伸肩膀，使其可以在更大的动作幅度内发挥作用，从而得到更好的锻炼。胸肌也可以从拉伸活动中获益。

罗曼喜欢用窄握距做这个练习，并强调胸廓的扩展。这样有助于打造力量，同时克服常见的耸肩倾向。

颈后推举

这是一种主要锻炼肱三头肌，较少涉及上背部的练习。调整握姿，使你能够尽可能安全地放低杠铃杆，因为柔韧性训练也是本练习的目标之一。罗迪奥诺夫补充说，颈后推举同样有助于更精确地掌握推举路径。

可以采用不同的握姿训练颈后推举。请记住，颈后推举需要训练者具备高于平均水平的柔韧性才能安全地完成。

法式杠铃推举

保持肘部抬高，不要让它们移动导致肱三头肌发力。

静力推举

罗曼同意针对动作的黏滞点安排静力训练，对推举来说，黏滞点通常位于与眼睛或前额水平的位置。他建议每周训练2次，每次10分钟。每1~2个月更换新的练习。俄罗斯人确实看到了调整杠铃片的意义，并遵循了西方关于收缩强度、持续时间和收缩次数的建议。

从眼部的水平高度起始的推举

这是另一个黏滞点的克星练习。把杠铃放在架子上，使杠铃杆的高度与眼睛保持水平或稍高，开始推举。

1½推举

如果杠铃在头部上方的停顿是由于肌肉力量不足而非技术缺陷，罗迪奥诺夫建议运动员在完成全幅度的推举后不要立即收杠，而是将杠铃杆放低至前额或眼睛的高度，然后再次向上推举。

坐姿推举

这种练习把肩部和手臂的训练分隔开，推荐那些肩部与手臂肌肉欠发达的运动员使用。罗迪奥诺夫认为，不会导致身体后仰是这种练习的另一个优势。但我看到的是，它会大幅增加背部受伤的概率。因此你要谨慎选择。

支架推举

将杠铃放在支架上与肩部高度水平的位置，起杠开始推举。该练习可以磨炼正确的推举启动姿势，并通过翻举后的停顿节省能量。

卧推

卧推很受欢迎，是因为它们允许使用大重量，同时不会对神经系统和脊柱造成压力。罗迪奥诺夫把地面卧推作为一种选择，但其效果不如标准卧推。

"很多运动员在训练中使用水平卧推，因为它能够快速取得效果。"罗曼写道，"然而，水平卧推取得的训练效果与站姿推举的力量增长毫无关系。"可以理解，这个问题引发了是否应将卧推纳入训练方案中的思考。对此罗曼给出了间接回答："应该考虑的事实是，卧推可以显著地增强胸廓肌肉组织的力量，从而创造出一个良好的'基底'，这个坚实的'基底'可以使运动员在推举和挺举中自由、舒适地支撑位于胸部的杠铃杆。"

罗迪奥诺夫指出，无论水平卧推还是上斜卧推，都是在教运动员如何推举，而不是踢杠铃杆。他补充说，卧推在其他训练之间充当了积极恢复的手段，并被称为"卸载练习"。卧推也有助于举重运动员训练保持肩部下压的技术。

卧推角度越接近水平，脊柱受到的压力就越小；卧推凳上斜的角度越大，特定的力量训练效果就越接近经典推举。尤里·弗拉索夫因将上斜卧推作为其主要的推举练习而被人熟知。根据罗曼的说法，从水平方向向上倾斜60°的位置是最佳训练位置，但仍建议你在训练中经常改变卧推的倾斜角度，以及握距和杠铃杆在胸部的位置等参数，增加训练的多样性。

沃罗比约夫喜欢简单的卧推训练，使用卧推最大重量75%的重量完成5组、每组4~5次重复的训练。罗曼提倡每周训练3次卧推，使用的训练重量逐渐增至最大值，并且每次训练都改变握距。从使用小重量完成4~5次重复的训练组开始，保持每组增加5~10千克重量，并随着重量的增加，逐渐减少组内重复次数，最终完成1 RM的训练组。通常在安排5~6组训练的情况下，训练的平均重复次数为20次。罗曼还喜欢（6，5，4，3，2，1）这样更为正式的递减组训练，对应的具体参数为：75%×6，80%×5，85%×4，90%×3，95%×2，100%×1。训练重量的百分比是基于特定风格的卧推使用的最大重量，而非经典推举的最大重量。

卧推能够挽救举重吗？

以前的苏联举重运动员和教练，后来成为力量举运动员的列夫·施普茨悲叹推举从举重项目中的除名，以及由此导致的举重运动的衰落。"在我看来，这一切始于 1972 年，因难以判罚，当时国际举重联合会草率地决定，将推举从经典三项举重比赛中除名。当那些拥有速度优势而非力量优势的运动员占据领先地位时，举重运动开始日益衰落，像推举这样需要力量的练习也因此不再受欢迎。强者的形象也很快发生了改变——以发达的胸肌、三角肌和强壮的肱三头肌为标志的结实的'上半身'消失了，举重本身也开始从力量运动变成了速度-力量运动，比如出现在田径赛场上的掷铁饼或推铅球项目。因此，这一决定成为终结唯一一项奥运会力量运动的开端。然而，大自然不能容忍真空，这一空白立即被美国发明的力量举项目填补。"

关于能做什么和该做什么来拯救举重运动，施普茨有激进的看法。"如果在 1972 年，他们没有急于废除推举，而是用卧推取而代之（卧推不仅便于裁判判罚，而且为所有的举重运动员所熟知），那么举重不但能保持其力量运动的地位，而且还能从当时萌芽的力量举运动中抢夺'王牌'。力量举运动在当今的俄罗斯十分火热，而在欧美国家，力量举运动很久以前就已经非常流行了。"

快速推举

这种练习用于训练推举速度和启动力量。阿尔卡季·沃罗比约夫是喜爱这种练习的举重运动员和教练之一。

弹力带推举

站在橡胶弹力带上，弹力带两端连在杠铃杆的两端，进行推举。罗迪奥诺夫指出，这种练习训练肱三头肌的效果非常好。他补充说："运动员需要在这种推举过程中持续发力。"

慢速推举

沃罗比约夫坚持认为："慢速训练增强肌肉力量的效果要优于快速训练。这就是为什么必须把慢速推举定期纳入训练中。"

借力推举

借力推举和借力挺举用于使举重者适应较大的重量。比常用训练重量更大的重量能够更好地锻炼肱三头肌，并有助于训练锁定。借力推举可以从胸部起始，或者，如果你的身体柔韧性较好，也可以从颈后起始。

借力推举和借力挺举的训练通常以单次组、2次组或3次组的形式进行，或者是在严格推举后自行决定组数。在后一种情况下，经典推举和借力推举的训练总量最高为30次重复，并且借力推举的训练应限制在4~5组。通常第一组借力推举与最后一组严格的经典推举使用的重量相同，并以此为基础，逐渐增加至经典推举1 RM的110%。

下面是罗曼完成这项训练的方式。

16.经典推举加借力推举

经典推举80千克×3/2，90千克×3/2，95千克×2/3（110千克为最大重量）

借力推举100千克×2/2，105千克×2/2，110千克×1/2

经典推举70%×3/2，80%×3/2，85%×2/3

借力推举90%×2/2，95%×2/2，100%×1/2

17.经典推举加借力推举

经典推举80千克×3/2，90千克×3/2，95千克×2/3（110千克为最大重量）

借力推举95千克×3，105千克×3，110千克×2，115千克×1/（1~2）

经典推举70%×3/2，80%×3/2，85%×2/3

借力推举85%×3，95%×3，100%×2，105%×1/（1~2）

18.经典推举加借力推举

经典推举60千克×4/2，80千克×3/2，90千克×2/2，100千克×1（105千克为最大重量）

借力推举100千克×1，105千克×1，110千克×1，115千克×1

经典推举57%×4/2，76%×3/2，86%×2/2，95%×1

借力推举95%×1，100%×1，105%×1，110%×1

19.只有借力推举

80千克×2，90千克×2，100千克×2/2，110千克×2/3（110千克为严格经典推举的最大重量）

70%×2，80%×2，90%×2/2，100%×2/3

"你不能滥用这些训练，"罗曼警告道，"因为你可能因此养成在推举前屈膝下蹲的习惯。"

推举启动

从支架上取下大重量的杠铃，只训练推举的底部动作。这种练习的目标是强化推举的启动力量和肩部力量，同时磨炼技术。

恒定张力下半部分推举

除了增强力量，这个练习还能用来克服推举中的耸肩倾向。

与上一种练习需要使用大重量、付出大气力不同，这种练习需要较小的重量和保证精确性。从略高于头部的位置将杠铃杆放低到胸部。不要让杠铃杆停靠在胸部或放松身体，继续将其向上推举一半的距离。注意始终保持肩膀下沉，引导肘部向上、向内运动。

实力举

在众多站姿推举变式中，罗迪奥诺夫更喜欢采用双脚脚跟并拢的站姿。下背部和双腿的"锁定"需要严格的双臂和双肩动作才能提供所需力量。

单臂推举

这种练习很少使用，主要针对那些手臂肌肉相对滞后的举重运动员。

壶铃或哑铃推举

可促使肩部和手臂肌肉增长的精细练习。可以在站姿、坐姿和平躺姿势下进行推举。

壶铃或哑铃前平举和侧平举

这是那些为了练就炮弹般的三角肌的举重运动员曾经使用的练习。

反向耸肩推举

杠铃和壶铃推举强调在推举启动的瞬间下沉上肢带，这是针对在推举启动时存在耸肩倾向的运动员的诸多补救性练习之一。罗迪奥诺夫提醒说，使用重量过大是导致耸肩的原因之一。过大的重量会导致上肢锁定，使其作为一个单元整体移动。

除了上述的杠铃推举，使用壶

罗伯特·罗曼 1962 年举重教科书封面上的壶铃推举

铃、哑铃、自身体重、弹力带、弹簧扩张器等工具进行的力量练习也在推荐之列。罗迪奥诺夫保证说："这些练习对促进特定肌群的力量增长具有积极效果。"

在平行双杠或椅子上完成的倒立撑

使用平行双杠或者两把彼此靠近的椅子（不要靠墙），向上踢腿进入倒立姿势后，一条腿弯曲，把脚靠在墙上，另一条腿仍保持直立，脚沿墙面上下滑动。躯干可以额外负重。沃罗比约夫建议，把这种练习加入举重训练前的热身训练和晨练中。

首届俄罗斯全国力量举比赛的标志——没有壶铃根本无法完成

双杠屈臂撑

弗拉索夫喜欢这种练习的脊柱伸展效果。罗迪奥诺夫习惯在腰部增加负重，而沃罗比约夫更喜欢将壶铃悬挂在脚上。

俯卧撑

抬高双脚或负重训练。为了解决推举中身体伸展不均匀的问题，罗迪奥诺夫推荐将更多重量压在较弱侧手臂的常规俯卧撑和倒立撑。

周期化

鉴于我们生得太晚，无法参加经典推举比赛，所以我不打算讨论推举的赛前准备，以免浪费你我的时间。安排几天简单的训练，将力量调整至峰值状态即可。过顶推举赋予你力量！

我希望你可以从本章学到更多，而不仅限于如何训练过顶推举。你会因此对力量举训练、负重引体向上和其他举重练习萌生好的训练想法。如果你善于分析，你会注意到，苏联奥林匹克推举训练法涵盖了谢科和西蒙斯训练的精髓。这位力量举大师借鉴了多个系列的举重训练经验，并加入了其他练习的训练分隔推举训练，还引入了高频率训练，对训练重复次数和训练强度进行周期化的波动，并进行追踪。鲍里斯·谢科的美国同行路易·西蒙斯发掘了快速推举、弹力带推举和很多推举的特定变式，以及以局部增肌为目标的迷你训练。除了著名的杰克·里普（Jack Reape），很少有力量举运动员能够成功地把世界拳击联赛的训练体系与谢科的训练体系融合在一起。这些训练体系具有共同的起源，这真是讽刺。我希望本章的内容能够改变这一点。"你不能总是得到你想要的"，但是变得更强壮不再是问题。

俄式经典推举训练总结

· 每隔一天安排一次推举训练，注意改变训练量、训练强度和所用变式。

· 在推举训练的次日和／或晨练中，安排一些针对手臂和肩膀的低训练量、低强度训练，比如壶铃推举和倒立撑。

· 每次推举训练中应包含 2~3 种练习，其中至少一种练习是经典推举或与之类似的练习。

· 将你的推举训练分为 2~3 个系列，在两次推举训练之间穿插不相关的训练。通常第 1 系列的训练以经典推举开始，在第 2 系列安排站姿推举变式的训练，在第 3 系列则安排卧推和屈臂撑这样的特异性不太强的训练。

· 每次推举训练的训练量可以不足 30 次重复，也可以超过 50 次重复。

· 波动化调整重量。如果你正处于过度训练的边缘，应安排减重训练，可以选择你最喜欢的练习，采用 1 RM 的 50% 的重量进行单式组和 2 次组的训练。

· 经典推举训练中，即使重量很小，重复次数也不能超出 5~6 次的范围。

· 正式训练组使用的重量从 1 RM 的 60%~75% 起步。

· 主训练使用的重量为 1 RM 的 80%~90%，重复次数为 2~3 次。

· 使用大重量训练推举的正确训练量：重量百分比 90% 时 6 次重复，重量百分比 95% 时 4 次重复，重量百分比 95%~100% 时 2 次重复。

· 每周安排 1 次最大重量的训练，最好安排在周三或周四。

· 适当安排一些辅助练习，但不要牺牲经典推举训练。

· 使用中等重量完成 5~8 组、每组 3~4 次重复的训练，是标准的特定推举变式训练方案，偶尔可以使用最大重量。

· 杠铃推举的主要变式：窄握距或宽握距推举、脚后跟并拢的严格实力举、从下胸部启动的杠铃推举、从眼睛高度起始的杠铃推举、从支架起始的推举、水平卧推和上斜卧推、快速推举、弹力带推举、慢速推举、借力推举、推举启动。

· 专注于提高薄弱环节力量的特定变式。

· 如果某种特定变式的训练效果提高显著，而经典推举的训练成绩没有明显改善，那就放弃这种练习。

第四章

硬　拉

拉脱维亚人硬拉的秘诀

在门外汉看来，拉脱维亚人的硬拉是最丑陋的硬拉之一。这位拉脱维亚举重者戴着学者气质的眼镜，驼着背硬拉，让人不禁想起《糊涂大侦探》（*Inspector Clouseau*）中卡西莫多（Quasimodo）的形象。巨大的重量仍在不断上升。康斯坦丁·康斯坦丁诺夫（Konstantin Konstantinov）露出友好的微笑，表示他并没有筋疲力尽。最终，杠铃重量定格在948磅（430千克）。

故事之始

康斯坦丁·康斯坦丁诺夫1978年出生于拉脱维亚的一个小镇。和许多苏联孩子一样，他尝试了许多体育运动：体操、柔道和摔跤。苏联摔跤运动员对力量充满狂热，康斯坦丁是在摔跤训练中接触到杠铃的。

15岁时，康斯坦丁就能硬拉474磅（215.0千克），相当于一位体重60千克、身高6英尺（183厘米）的年轻男子的力量。他爱上了力量训练，17岁时，他开始像一名力量举运动员那样训练。那时康斯坦丁没有力量举教练，后来也没有，他是通过书籍和杂志来获得他需要的知识的。

"牢不可破"的纪录陨落

在康斯坦丁之前，275磅（124.7千克）重量级的硬拉世界纪录是由丹·沃勒伯（Dan Wohleber）创造的904磅（410.0千克）。自1982年以来，一直无人能够超

丹·沃勒伯的纪录保持了 20 多年
照片由《美国力量举》杂志友情提供

越。2003年，在康斯坦丁从19岁开始参加力量举比赛仅仅6年后，他把丹·沃勒伯的纪录提高了1千克——这通常是纪录陨落的方式。

在2006年里加（Riga）举行的国际力量举联合会/世界力量举大会联合冠军赛中，这位拉脱维亚超人拉起了948磅（430千克）的重量，相比他之前的新纪录提高了42磅（19千克）之多！

康斯坦丁诺夫系统

康斯坦丁诺夫采用与西部杠铃俱乐部类似的训练系统，以260磅（117.9千克）的体重完成了897磅（406.9千克）的硬拉。然后他遇到了瓶颈，不得不改变训练。"我找到了属于自己的系统，"康斯坦丁说，"它结合了速度训练，使用1 RM的75%~90%的重量进行大训练量训练，并加入了许多辅助练习，就像使用西部杠铃俱乐部的训练体系时那样。这个系统帮助我取得了948磅（430.0千克）的硬拉成绩。而且我确信，这远非我的极限。"

与许多训练相扑硬拉的俄罗斯人不同，康斯坦丁诺夫训练的是传统硬拉。这位拉脱维亚运动员是一位天生的教练。他每9~12天安排两次硬拉训练。在训练中，他强调恢复，如果觉得休息不够，他会毫不犹豫地多休息一两天。

在大重量训练日，康斯坦丁诺夫只训练硬拉。他的硬拉训练通常会持续4个小时。他的主要练习是站在8~10厘米的平台上的深度硬拉。从低于正常硬拉高度3~4英寸（7.6~10.1厘米）的位置训练可以建立巨大的力量储备，让比赛式硬拉感觉就像在完成部分动作幅度的练习一样。路易·西蒙斯曾说，无论你的弱点在启动之时还是在锁定阶段，箱式硬拉——或者俄罗斯人口中的"洞穴硬拉"——都能解决问题。"箱式硬拉可以同时强化启动和完成阶段（锁定阶段）的力量。如果你可以提高启动速度，产生的训练效果会延伸至硬拉的完成阶段。只需速度足够快，你就可以通过黏滞点。如果你觉得这种说法不正确，那你硬拉200千克的重量会与硬拉400千克的重量时一样被卡在膝盖处。"

康斯坦丁诺夫的硬拉训练量高达20组！为了缓解疼痛，他将每次训练分为两个阶段，在两个阶段之间休息20~30分钟。

"我的重复次数是每组3~5次，我尽量不使用极限重量训练硬拉，"康斯坦丁诺夫说道，"我主要关注训练量。"没有腰带，没有助力带，没有硬拉服。

这位拉脱维亚人可以一触即发地进行硬拉。他使用国际力量举联合会推荐的杠铃杆，而非世界力量举大会的弹性杠铃杆。后者非常适合从完全静止状态起始的比赛式单次硬拉，但不适合一触即发式的连续多次硬拉。

大重量硬拉训练日

第1阶段：比赛式硬拉

　　120千克×5/3

　　160千克×5

　　200千克×3

　　240千克×1

　　280千克×1

　　320千克×1

　　360千克×1

　　390千克×4（1 RM的90%）

　　请注意，康斯坦丁诺夫两组之间的重量增幅是40千克，或最大重量的10%。他的最高负荷训练组重量高达860磅（390千克）。

30分钟休息

第2阶段：箱式硬拉

　　170千克×5

　　220千克×5

　　260千克×3

　　300千克×1

　　340千克×5（1 RM的79%）

　　370千克×5（1 RM的86%）

　　我已基于康斯坦丁诺夫的比赛式硬拉而非箱式硬拉列出了相应的重量百分比。自苏联举重运动员几十年前开始使用以来，这种形式是记录辅助练习数据的常见做法。

辅助训练

- 45°山羊挺身——60千克×20/2

- 反向山羊挺身——（50~70千克）×（15~20）/2

- 腘绳肌练习——20/2（康斯坦丁诺夫同样会做一些训练臀肌和内收肌的练习）

- 训练身体核心区的不同练习——（15~25）/6

快速硬拉训练日

　　康斯坦丁诺夫以最快的速度、最大的侵略性进行比赛式硬拉训练，并强调爆发力。他的另一个硬拉训练日不是"小重量训练日"，而是"快速硬拉训练日"。

　　他的训练从举重风格的深蹲（高杠位，蹲到最低点）开始。他会戴上护膝，完成5

组5次重复的训练。后来，他完全放弃了力量举风格的深蹲，专注于训练举重风格的深蹲。康斯坦丁诺夫确信，后者在发展强大的硬拉启动力量上更胜一筹。请记住，康斯坦丁诺夫只是硬拉训练专家，尽管他计划再次参加力量举的所有三项赛事。

快速硬拉是第二种训练。在使用弹力带的情况下可以安排8~10个单次组。康斯坦丁诺夫以200千克或440磅的重量开始他的动态发力周期化训练——这个重量不及他的最好成绩的50%——并且每次训练增加5千克。在锁定姿势时，弹力带可以提供相当于130千克或287磅重量的张力。

快速训练日与大重量训练日安排的辅助训练相同。康斯坦丁诺夫强调，强大的身体核心区力量对于大重量硬拉的重要性。

除了使用最大重量硬拉时，他训练硬拉从不使用腰带，也从不使用助力带。抓握力从来都不是问题；康斯坦丁诺夫能够使用1,100磅（498.9千克）的重量完成锁定，并坚持8秒！

这位拉脱维亚力量举运动员的目标是打破安迪·博尔顿（Andy Bolton）的绝对硬拉世界纪录。

圆背硬拉——男人缔造者还是背部杀手？

"与大多数人一样，我也曾在直背姿势下最大限度地使用双腿力量硬拉，"275磅（124.7千克）重量级硬拉948磅（430.0千克）的世界纪录创立者康斯坦丁·康斯坦丁诺夫说道，"我的硬拉成绩一度在达到749磅（339.7千克）时停滞不前。"然后，他遇到了世界力量举大会冠军和纪录保持者、芬兰人阿诺·图尔蒂艾宁（Ano Turtiainen）。阿诺建议康斯坦丁诺夫训练圆背硬拉，在7个月内，这位拉脱维亚人的硬拉重量从340千克增加至390千克，而且体重没有增加。

这是否意味着，你应该摒弃直背硬拉，转而选择圆背硬拉？转变还没有这么快，也不绝对。审视圆背硬拉的利弊，然后自己做决定。在此之前，你应首先去观看康斯坦丁诺夫的硬拉视频（网址http://www.youtube.com/watch?v=TK4UIxKIxtc）。

圆背硬拉的优点

1.更高效的杠杆

几十年前训练圆背硬拉的鲍勃·皮普尔斯（Bob Peoples）解释了它的工作原理："圆背相比平背更短。"较短的背部就是更强壮的背部。

2.更有力的股四头肌

向下看与圆背硬拉密切相关。

虽然对严肃的力量举训练者来说，通过伸展颈部获得的"姿势反射"激活后链肌肉是一种常识，但很少有人知道，弯曲颈部可以增强股四头肌的力量——根据斯米尔诺夫（Smirnov）和杜布罗夫斯基（Dubrovsky）2002年的研究结论。因此，眼睛向下看会带给你更强的启动力量。

"下"是相对的。康斯坦丁诺夫向下看——径直向下——直到他锁定真实的948磅（430.0千克）。路易·西蒙斯建议，在正前方和举重者身前6英尺（183厘米）的平台之间选择一个点。反复尝试，直到找到适合你的那个点。

3.更有力的核心区

"使用圆背技术，你会发现，由于腹部区域产生的压力和下背部肌肉的增厚，腰部会变粗。"举重界的不朽人物汤米·科诺（Tommy Kono）对深蹲进行观察后得出上述结论，但它同样适用于硬拉。

基于斯米尔诺夫和杜布罗夫斯基2002年的研究结论，向下看能够缓解竖脊肌的紧张度，同时增加腹壁的紧张度。乍一看，这是个坏消息，因为硬拉是一种伸展运动，而不是屈曲运动。但这只是表象。我已经写了很多关于横膈膜和腹壁在脊柱稳定中发挥关键作用，甚至在其他部位的伸展中发挥关键作用的文章，在此不再赘述。关键在于，强壮的腹肌是进行大重量硬拉的必要条件，而向下看并使用圆背姿势可以使腹肌变得更有力。

圆背硬拉的弊端

1.使背部变弱

向下看会削弱竖脊肌的力量。原因在于颈部的强直反射会影响背伸肌的张力。

2.增加背部受伤的风险

世界首屈一指的脊柱生物力学专家斯图尔特·麦吉尔博士，在他的著作《终极背部健康与运动表现》第3版中非常详细地解释了"为什么圆背硬拉十分危险"。

3.刚性降低导致腿部力量不足

根据沃罗比约夫1972年对奥林匹克举重运动员的研究，当下背部挺直时，硬拉的启动力量可增强8.3%。俄罗斯国家力量举队主教练鲍里斯·谢科解释说，下背部挺直增加了躯干的刚性，从而使运动员的腿部力量可以更高效地传递到杠铃上（麦吉尔博士的书是理解躯干刚性在力量传递中作用的优质资源）。

换句话说，我认为，强调横膈膜、腹壁和背阔肌的正确使用可以使人产生至少与挺直下背部时相当的躯干刚性。

4.姿势问题和肌肉失衡

圆背硬拉伴随的被动加载会造成斜方肌和菱形肌的滥用。除非你安排一些矫正练习（比如壶铃高拉、杠铃耸肩和俯身划船等），否则圆背硬拉会使你的上背部酸痛乏力，并使你的身姿佝偻，不再挺拔。因此，圆背硬拉不适用于极简主义的训练方法。

5.不适合"直臂硬拉者"

硬拉与双臂用力无关，但有些人还是情不自禁用双臂发力。谢科强调，在圆背硬拉中，你熟悉的姿势反射会使肱二头肌变得更有力，并进一步诱使双臂发力。这位俄罗斯主教练说，如果你有硬拉卷曲的倾向，那么最好不要拱起背部。

力量举运动员的底线

"有人说圆背硬拉十分危险。我相信，以这种方式可以拉起更大的重量。"鲍勃·皮普尔斯说。

也许是，也许不是。历史上有一些伟大的硬拉运动员采用圆背姿势硬拉，诸如鲍勃·皮普尔斯、温切·阿内洛（Vince Anello）和康斯坦丁·康斯坦丁诺夫，仅举几例。还有一些强人采用头部抬起的平背姿势硬拉，比如埃德·科恩和马克西姆·波蒂尼（Maxim Podtinny）。

反复尝试，朋友。如果你是相扑风格的硬拉训练者，那就不要尝试圆背硬拉了，但如果你是传统风格的硬拉训练者并且背部肌肉发达，那你值得一试。

其他运动员的底线

忘掉圆背硬拉。圆背硬拉比平背硬拉更危险，并且训练到的肌肉更少。

世界顶级生物力学专家点评

我向斯图尔特·麦吉尔征求关于本章的意见，他十分爽快地答应了。

"帕维尔，这部分内容堪称经典。首先，你指出了训练力量举的原因。如果你从事其他运动项目，那就不要冒险训练圆背硬拉。如果是为了提高力量举成绩，则圆背硬拉有助于产生更强的拉力。这与奥林匹克举重截然相反，在奥林匹克举重比赛中，运动员必须在巨大的加速度、髋部速度以及髋关节占据主导地位的基础上保持背部的中性姿势。力量举运动员往往由于背部伤病退役，而奥林匹克举重运动员则更多是因为膝盖和肩部伤病退役。"

如果你因为某些原因需要进行摔跤、格斗或举起不规则重物，也不要训练圆背硬拉。泽奇硬拉可以更好地满足你的需求。

帕维尔正在进行泽奇硬拉，对于摔跤手来说这是一种强大且具有危险性的练习

照片由斯图尔特·麦吉尔教授在加拿大滑铁卢大学（University of Waterloo）的脊柱生物力学实验室友情提供

如果你选择圆背硬拉

　　如果仔细观察康斯坦丁诺夫的硬拉，你会发现，只有他的上背部是拱起的，而下背部仍保持平直状态。通常是下背部非常容易拱起，而上背部更易保持平直。

　　在我看来，学习保持下背部平直，同时拱起中背部和上背部是最简单的方法，在你俯身抓握杠铃杆时，专注于髋关节屈曲可以做到这一点。首先沉胸，外展肩胛骨并沉肩，然后通过髋部屈肌和腘绳肌发力，将身体向着杠铃杆下拉。

PAVEL

发展屈膝状态下髋关节屈曲的灵活性——而不是直腿状态下的腘绳肌训练——有利于拉起更大的重量，获得更好的背部健康。可以学习《徒手斗士》中的放松拉伸部分，比如髋部和侧面拉伸、蜥蜴爬行等练习。当髋部可以大幅弯曲时，脊柱就可以不弯曲。

当髋部可以大幅弯曲时，下背部就可以不弯曲

不要拱起背部承担重量，并且一定要靠强壮的腿部进行驱动。如果观看康斯坦丁诺夫创造世界纪录的视频，你是不会忽视他异常强大的腿部驱动的，康斯坦丁诺夫异常强大的腿部力量不仅仅体现在硬拉启动时，而是贯穿硬拉的全过程。在我看来，大多数问题发生在当杠铃杆提升到半途，举重运动员停止双脚用力蹬踏平台，开始向上拉动杠铃时。此时，你应该激发股四头肌，将静止的杠铃拉离地面，并保持股四头肌的激发状态，直到你收到放下杠铃的指令。

考虑外八字站姿。请注意温切·阿内洛是如何保持脚后跟并拢，同时将脚尖外展，直到双脚近乎垂直，形成半个正方形的。也请注意康斯坦丁诺夫的双脚大幅外展的姿势。他采用了比阿内洛更宽的站距，如果你的肩宽同俄罗斯人的相仿，你也可以试试。

在圆背硬拉中运用背部力量的一种好方法是：想象你正在完成杠铃杆下放至背部一半位置的极端力量深蹲。下放一半的位置从字面上理解，对应于胸廓的底部。向上推高这个想象中的、位置非常低的杠铃杆。这将激活你的下背部肌肉，同时可以保持上背部肌肉放松和缩短。

关于圆背硬拉的最后一句话。这是一项专门的技术，仅供那些身体杠杆有优势并且了解相关风险的精英力量举运动员使用。如果你刚好就是这类人，圆背硬拉会带给你力量！

温切·阿内洛的外八字姿势很适合圆背硬拉风格
照片由《美国力量举重》杂志友情提供

西西伯利亚

俄罗斯举重运动员和教练对西部杠铃俱乐部风格的训练无法达成共识。一些人嘲讽比赛式举重训练中使用的小重量，并对他们认为荒诞和不必要的复杂性嗤之以鼻。还有一些人则恬不知耻地剽窃路易·西蒙斯的理念，并将其视为自己的想法进行传播。很少有人会真正遵循西部杠铃俱乐部的训练模板——让一名俄罗斯人放弃深蹲、卧推、硬拉的大重量5次重复组的训练是不可能的——但许多人将路易·西蒙斯的训练方案纳入到了自己的训练计划中。"就我个人而言，我惊叹于这个男人的天赋，景仰这位伟大的运动员和教练，"鲍里斯·谢科承认道，"在我的训练计划中，我经常在卧推和硬拉中使用链子。结果，拉维尔·卡扎科夫（Ravil Kazakov）增强了他的硬拉能力，尤里·费多伦科（Yuri Fedorenko）增强了他的卧推力量。"

很多人更进一步，将西部杠铃俱乐部风格的训练理念融入自己的训练中。"为了提高比赛成绩，我们尝试了各种训练方法和训练技术，"杰出的俄罗斯教练A. 科托夫（A. Kotov）说道，"每个人都明白，如果运动员只训练三种基本练习，他很可能遭遇平台期，并容易产生心理疲劳。教练的职责就是创造性地设计训练过程，选择甚至发明新的练习，以提高运动员的运动成绩。我经常可以在路易·西蒙斯的文章中找到灵感，并根据自己的想法对其进行修改，让我的运动员进行试验，几乎总能获得我一直寻求的结果。"

是什么让人成为"杰出的俄罗斯教练"

据拥有"俄罗斯杰出教练"头衔的鲍里斯·谢科称，俄罗斯力量举界至少有40名"杰出教练"，位居第一的是1991年的谢尔盖·迪蒂列夫（Sergey Ditilev）。获得该项殊荣的唯一方法是赢得一系列冠军。例如，至少拿下2个世界冠军，或者获得2个欧洲冠军和2枚欧锦赛奖牌，或者取得其他等量级的令人印象深刻的成就。杰出的教练就是马蒂·加拉赫这种水准的教练。

A. 科托夫的训练计划在A. 穆拉霍娃（A. Murashova）身上异常成功，A. 穆拉霍娃是世界级的体育运动大师，她以84千克的体重完成了260千克的硬拉。另一位女性举重运动员N. 沙波瓦洛娃（N. Shapovalova）创造了俄罗斯的纪录，她以48千克的体重硬拉起180千克的重量，这个数值仅比最高世界纪录少了3千克，其力量–体重比达到了惊人的3.75。下面的受到西部杠铃俱乐部训练风格启发的西伯利亚式的硬拉训练计划会告诉你，她和她的教练是如何做到的。

科托夫的运动员每周训练2次硬拉：一次安排训练比赛式硬拉，另一次安排训练硬拉变式。教练指出，某些特定硬拉变式十分具有挑战性，它们甚至比经典硬拉更耗费体力！其中一种堪称恐怖的硬拉是弹簧硬拉。

运动员站在一个高高的箱子上，并将杠铃杆放置在框式深蹲架的高位保险杠上。在设置箱子高度和框式深蹲架的保险杠高度时需要考虑两个要求：第一，在动作起始时弹簧必须获得2倍长度的拉伸；第二，杠铃杆与运动员脚面之间的距离必须与比赛式硬拉时杠铃杆与地面的距离相同。你必须根据弹簧的特定设置优化箱子高度，但最好寻找一个较高的箱子。科托夫的箱子高80厘米，或者稍高于30英寸。

弹簧固定在地面物体上，例如一叠杠铃片上，另一端系在杠铃杆顶端的扣件上。科托夫的训练方案通常每侧使用2~6根弹簧。多亏了当地一所高中物理实验室的帮助，他们发现从一台训练机中取下的特殊弹簧（终于找到了利用的好方法）每拉伸10厘米可以增加6千克负荷。科托夫的运动员采用的典型负荷是每侧2根弹簧，这样可以每侧增加最高24千克负荷（简直如同一个完美的壶铃）。男性举重运动员每侧最多可以使用6根弹簧。

在第一周，运动员使用1 RM的60%的重量训练弹簧硬拉，专注于加速力量的训练。接下来的一周逐渐将训练重量增至最大进行弹簧硬拉训练。以下是比赛周期的一周训练样本。

周一

1. 比赛式深蹲——50%×5，60%×4，70%×3，80%×3/5
2. 比赛式卧推——50%×5，60%×4，70%×3，80%×3/6
3. 加载弹簧负荷的卧推锁定——3/5
4. 哑铃侧平举——8/4
5. "早上好"——5 RM/5
6. 腹肌训练

周三

1. 弹簧硬拉——40%×5，50%×4，60%×3/（6~8）
2. 颈后下拉——8/4
3. 窄握卧推——3/5
4. 仰卧肱三头肌臂屈伸——8/4
5. 实力举——5/5
6. 俯身哑铃侧平举——10/3
7. 杠铃负重山羊挺身——5/5

周五

1. 低箱位深蹲——40%×5，50%×3/（6~8）
2. 弹簧卧推——40%×5，50%×4，60%×3/5
3. 屈臂撑——4/6
4. 从黏滞点起始的弹簧深蹲——2/4
5. "早上好"——8/4
6. 腹肌训练

周六

1. 杠铃放在高木块上的硬拉（训练锁定）——90%×3/3
2. 杠铃放在低木块上的硬拉（动作幅度略小于完整硬拉）——85%×2/2
3. 比赛式硬拉——80%×2/2
4. 上斜卧推——4/5
5. 在框式深蹲架中，从黏滞点起始的卧推——2/4
6. 山羊挺身——8/4

无论在东方还是西方，许多人都认为，西部杠铃俱乐部的训练方法是最好的。

腿部驱动硬拉的秘密

腿部驱动的作用远不止于把杠铃拉离地面。

我一直不相信那些在启动时屈膝向前的硬拉者，比如阿诺·图尔蒂艾宁。后来我测试了这种方法，从而确信，最有效的腿部驱动包括将双脚向前推的动作，就好像你在机器上做腿部伸展时那样。当我向温切·阿内洛提出这个观点时，他表示同意，并且这也是他使用双腿的方式，他还告诉我，双腿直接用力向下蹬地面对他而言毫无意义。受到伟人阿内洛影响的杰伊·施罗德（Jay Schroeder）将这种方法描述为，把重量压在整个脚上，并将前脚掌推开。

显然，脚不会移动，所以膝盖会向后移动。这样就可以使杠铃杆完美地通过膝盖而不会碰到它。再次强调，这种方法仅适用于屈膝前倾的启动方式。如果需要保持胫骨接近垂直于地面，那就是另外一回事了。

有两种使用这种技术的方式。一种是将杠铃杆放在脚中心的正上方，并像阿诺一样直接上拉杠铃。这种方式适合力量均衡的硬拉运动员。里夫一直教给我的就是这种方式，但我运用起来十分困难，因为我的臀肌力量无法与背部力量匹敌。

第二种方式更适合背部和股四头肌比臀肌更为发达的硬拉运动员。此时的动作是从杠铃杆位于前脚掌的正上方起始的，并将杠铃杆略朝向身体的方向硬拉，硬拉方向为11点方向，而非12点方向。首先由强大的股四头肌起始动作，然后杠铃的中心会转移至脚后跟，随后借助腘绳肌和背部肌肉的力量完成硬拉。在杠铃杆到达膝盖，膝关节伸直之前，躯干相对于地面的角度变化不大。如果你的背部肌肉非常强壮，而股四头肌力量相对不足，可以考虑向下看裁判的脚。

双腿赋予你硬拉的力量！

阿诺知道如何使用他的腿部力量
照片由《美国力量举》杂志友情提供

我的父亲弗拉基米尔在使用第二种腿部驱动方式完成硬拉。70岁时，他因为力量举失误受伤。1年之后，在没有系腰带的情况下，他取得了181磅（82.1千克）体重硬拉374磅（169.6千克）的成绩，并创造了美国力量举70~74岁年龄段的单次硬拉纪录

照片由 Venicepaparazzi.com 网站友情提供

斯莫洛夫硬拉：另一个标志性的力量训练计划

除非你一直与世隔绝，否则你一定知道斯莫洛夫深蹲训练计划在力量举界标志性的、半神话般的地位，就像20次"超级深蹲"在健美界中的地位那样。该训练计划已经多次被证明具有可靠的效果，可在短短13周内为不依靠药物的精英力量举运动员增加100磅（45.4千克）的深蹲成绩！但是你了解斯莫洛夫的其他训练计划吗？譬如斯莫洛夫硬拉。

训练计划

大多数美国力量举运动员不习惯俄式的训练量，借用史蒂夫·巴卡里（Steve Baccari）的不朽名言就是"在热身阶段就会失败"。以下是为期1周的谢尔盖·斯莫洛夫的"养生"训练计划——这位体育大师为伤愈复出或停训一段时间的训练者准备的硬拉训练计划。

硬拉预备训练微周期

周一	周二	周三	周四至周六	周日
箱式深度硬拉 （50%~55%）×15/3 （重复次数/组数）	箱式深度硬拉 （60%~65%）×8/5	箱式深度硬拉 （70%~75%）×5/6	在每次训练开始时安排山羊挺身	休息
将箱式深度硬拉安排在训练末尾，并以拉伸后链肌肉结束训练				

不要犹豫，要根据你的负荷能力和恢复能力随时调整训练计划。这一条同样适用于本训练计划中的其他微周期。具有讽刺意味的是，与作者的深蹲训练周期不同，该计划并非专项冲刺计划。"那些硬拉相对薄弱的人可能会被建议使用更具针对性的训练计划。"斯莫洛夫不动声色地说道。毕竟，这种训练计划每周只安排3次背部训练，为什么以1 RM的95%的重量完成2组2次重复的训练，然后以1 RM的85%的重量完成2组5次重复的训练如此重要？事实上，为了避免被认为是娘娘腔，你应该在退行训练中增加6组6次重复的"早上好"训练！俄罗斯男人拯救了这项运动。

预备阶段的4周硬拉训练是由费杜列耶夫设计，并由斯莫洛夫推广的。费杜列耶夫是来自莫斯科精英体育学院的举重教练。他开发了一种异常成功的举重专项力量预备训练方案，后来经过修改用于力量举训练。该方案采用了西部杠铃俱乐部风格的训练者钟爱的共轭训练法，通过8种不同的练习轮流解决不同方面的力量问题。"在我们看来，各种硬拉变式和'早上好'练习，恰好是在预备阶段发展躯干伸肌力量的有效方法，"斯莫洛夫解释说，"大重量、小重量和中等重量的交替使用也会对硬拉力量的增长产生积极影响。"

硬拉预备训练计划

周数	训练1	训练2	训练3
1	1.山羊挺身训练：5/5	1.金字塔硬拉：40%×5/2，（50%~60%）×6/6 2."早上好"，然后跳跃训练：无负重×4/5	1.4~10厘米的箱式深度硬拉：60%×4，70%×4，80%×4/5 2.木块支撑硬拉，杠铃杆位于膝盖高度：70%×4，80%×4，（85%~90%）×4/5
2	1.快速硬拉：60%×3，70%×3，80%×6/3 2."早上好"：6/6	1.金字塔硬拉：50%×6/2，60%×6/7 2.跳跃式"早上好"：无负重×4/5	1.硬拉：60%×4，70%×4，（80%~85%）×4/6 2.木块支撑硬拉：70%×3，80%×4，90%×3/5
3	1.金字塔硬拉：50%×6/2，60%×6/7	1.山羊挺身：5/6 2.跳跃式"早上好"：无负重×5/6	1.硬拉：70%×3，80%×3/2，85%×2，（90%~95%）×2/2，85%×5/2 2."早上好"：6/6
4	1.箱式深度硬拉：（70%~75%）×4/4，（80%~85%）×4/5 2.木块支撑硬拉：70%×3，80%×3，（90%~95%）×3/6	1.硬拉：70%×3，80%×3，5%×3，90%×3/5	1.金字塔硬拉：（50%~55%）×6/2，（60%~65%）×6/7 2.山羊挺身：6/6
所有训练都要拱起背部完成；所有百分比均基于比赛硬拉的最好成绩；在"早上好"和山羊挺身训练中，最后的2~3次重复难度更大			

　　如果你能轻松驾驭给定的重量百分比，斯莫洛夫允许你在不改变组数和组内重复次数的情况下增加5%~10%的重量。我有预感，将来你很可能会遇到这种问题。不过，与斯莫洛夫的深蹲训练计划相比，他的硬拉训练计划就像在公园散步一样轻松。

　　与他的深蹲训练计划一样，斯莫洛夫慷慨地允许你在预备阶段和比赛阶段之间的1~2周的"过渡阶段"减轻重量。"过渡阶段的重点是速度。"谢尔盖·斯莫洛夫再次强调道。这位教练没有指定具体练习，但是可以合理地猜测，在深蹲过渡阶段，他推荐的所有练习（除了反向深蹲）应该都可以胜任：各种跳跃练习、小重量杠铃的负重深蹲跳、从保险杠上起始的完全静止深蹲、爆发式的腿举等。此外，我还会考虑壶铃挥摆和壶铃抛掷、没有任何屈膝动作的杠铃翻举和抓举、跳箱子（跳马）、无负重跳跃式"早上好"、以爆发式踮起脚尖收尾的杠铃负重"早上好"，以及强调速度和爆发力、从木块或框式深蹲架的保险杠上起始的黏滞点相扑硬拉。

　　不幸的是，过渡阶段的快乐是短暂的，因为你需要尽快将身体调整到峰值状态。"比赛阶段硬拉训练的基本结构原则与深蹲训练相同。"因此，你需要回到本书的前面，重温之前的内容。

"首先，必须显著增加训练强度，"斯莫洛夫指出，"为此付出的代价是，减少各种'早上好'练习和山羊挺身在训练中的比例，并增加硬拉训练的重量。"这位俄罗斯教练建议，在为期4周的峰值训练阶段，每周的大训练量/高强度硬拉训练的次数为：2-3-2-2。

斯莫洛夫警告说，最后一次大重量的、"冲刺式"的硬拉训练安排的时间不能晚于赛前10天。他补充说，之后你仍要安排大重量的深蹲训练，并且深蹲、卧推和硬拉的训练周期可以彼此独立进行，无须同步进行。

一旦你完成了最后一个大重量硬拉训练日，请继续安排小重量的硬拉练习，以磨炼技术和保持状态。斯莫洛夫提醒说，峰值训练和减重训练是一种艺术。"每位运动员必须拥有最适合自己的、经过实践检验的比赛准备方案。"

技术

谢尔盖·斯莫洛夫对俄罗斯冠军的硬拉技术具有深远的影响。以下是他的理论的基本前提。

"在任何时刻，杠铃-身体系统的重心必须投射在经过脚中心的平衡点上，否则，复位反射会导致额外的肌肉张力，以促使系统重心恢复到稳定的位置。当然，从理性运动技术的角度来看，它们完全没有必要。"（请参阅下文，了解为何这种说法不适用于美式硬拉技术。）

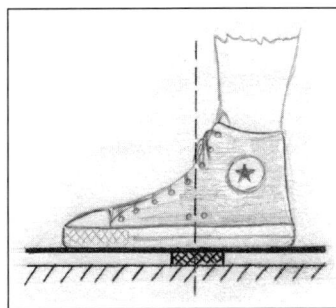

斯莫洛夫的目标是实现前后的完美平衡。他通过将重心保持在脚中心来实现这种平衡，也就是将杠铃杆与身体重心精确地对齐脚中心，笔直向上硬拉。

根据古芬克尔（Gurfinkel）和科茨（Kots）的描述，身体重心在地面上的投影，恰好位于脚跟骨与大脚趾的第一关节之间的中线上。换句话说，如果你去掉大脚趾，而只保留第一跖骨，这条线就位于脚的中央。这使得杠铃杆的投影大概位于匡威运动鞋第三和第四（从上向下数）鞋带孔之间，相比"未切割"的脚的中央略靠前。

为了让自己的身体重心位于这个最佳位置，斯莫洛夫建议你将肩膀略微前伸越过杠铃杆，就像奥林匹克举重运动员那样。因为肩膀位于杠铃杆的正上方或后面，都会将你的大屁股向后推，从而使你的身体重心后移。

俄罗斯专家保证，如果在上拉过程中，你成功地遵守了上述规则，那么硬拉的剩余部分将不再需要"额外的和不必要的努力"。斯莫洛夫认为，如果你感觉杠铃杆上的重量突然增加，就意味着你已经在无意中使重量向前或向后移动，偏离了最佳平衡位置。他确信，检测如此微小的变化几乎是不可能的，因此推荐了一个训练技巧来帮助你学习如何将重心保持在脚中心。

准备两块厚1厘米（略小于0.5英寸）、宽5厘米（约2英寸）的木板，将它们准确地放在你要站立和硬拉的位置，使每块木板的中线通过脚中心。在木板上放上金属杠铃片。站在上面，进行小重量硬拉训练。

不言而喻，如果失去平衡，你很可能会受伤。这就是为什么发明人要求木板厚度不超过1厘米。虽然木板的厚度不会改变，但随着你的技术越来越娴熟，你应该更换更窄的木板，木板的最终宽度可以只有2厘米（略大于¾英寸）。斯莫洛夫坚持认为："站在2厘米宽的木板上进行训练的人一定可以成功地完成硬拉，因为他已经掌握了最合理的硬拉技术。我相信，这个简单的技巧会使许多人认真思考并理解，决定一切的不仅仅是力量，还包括最合理、最优化的力量运用方法，换句话说，就是良好的运动技术。"

谢尔盖·斯莫洛夫主张在深蹲训练中使用同样的技巧。我想指出的是，斯莫洛夫所说的不计脚趾在内的中间位置与埃德·科恩深蹲中的重心位置——从脚尖向脚后跟四分之三的区域——是相同的。

美式硬拉

为什么美式硬拉要从脚跟起始向着身体硬拉，并保持肩膀位于杠铃杆正上方呢？因为这样可以减轻前脚掌的压力，缓解了该区域内的环层小体（一种压力传感器，是股四头肌运转所必需的）的压力。尽管失去了膝关节伸肌的驱动与平衡，但美国人通过脚跟钉紧地面、将杠铃杆向着身体上拉的方式获得了额外的助力。

第一，身体重心"后移"有助于提拉杠铃杆。第二，虽然激发肌肉、促使其恢复平衡位置的复位反射对俄罗斯运动员不利，但它对美式硬拉有帮助。当你"后仰"时，你的髋部伸肌会努力"抓住"你，并帮助你发力。

哪种方式更好？无所谓好坏，关键看哪种方式最适合你。对初学者来说，我更喜欢美式硬拉，因为它不易干扰背部的发力。

我的同行就这个问题提供了有趣的见解。

女子国际力量举联合会美国队前教练马克·瑞夫金德说："我认为，俄式硬拉与美式硬拉的差异涉及两种不同的伸肌工作机制。"瑞夫金德认为，美式硬拉训练者通过使用整个后链的肌肉拉起杠铃，而俄式硬拉则强调使用股四头肌和背部肌肉的力量，类似于举重运动员的发力过程。"我非常偶然地发现，平衡球深蹲的姿势正是斯莫洛夫提到的准确姿势。它完全改变了我在硬拉和深蹲中的杠铃路径，解决了多年来我一直尝试寻找发力点的诸多问题，并且确实缩短了我在硬拉和深蹲中的杠铃行程。当然，我必须穿上带有鞋跟的举重鞋才能在深蹲时保持这种准确姿势。"

前北美强人赛275磅（124.7千克）级冠军杰夫·奥康纳则认为："从力量举的角度讲，我更喜欢美式风格。因为，当运动路径正确时，杠铃杆的运动会流畅自如。从初学者的角度讲，我也喜欢它，原因与你说的相同，可以使背部更加安全。

但是，我发现，在大多数将杠铃拉离地面的情况中，俄式风格更好用。在从地面抬起绝大多数物品时，我都是从相扑姿势开始的，我总是试图找到一种'平衡'。这意味着，我的肩膀位于杠铃杆的正上方，手臂垂直于地面，上拉的路径是一条直线。这样更自然。

我本人训练的大多数人都是年轻运动员。我觉得俄式风格更适合他们。（实际上，在他们6、7岁时，我就开始用半相扑姿势的壶铃硬拉来训练他们。）整个脚的'平衡'，这种理念似乎更适合田径运动员，我更关心他们在田径场上，而不是举重台上的表现。对我来说，直线上拉的作用对跑步、跳跃和改变方向更有意义。"

强人赛冠军杰夫·奥康纳（Jeff O'Connor）
以举起巨石的方式——径直向上硬拉杠铃
照片由RKC高级学员杰夫·奥康纳友情提供

你会发现，斯莫洛夫教给初学者在史密斯机上垂直上拉杠铃的路径令人震惊！他同样告诫熟练的硬拉训练者不要忘记这个路径："应该注意的是，垂直拉起杠铃的做法只有在重量足够大，超过运动员体重2倍时才会有效。对于经验丰富的运动员，较小的重量不适合硬拉，杠铃很容易乱转，使技术变形，因为对于较小重量的杠铃，按S形轨迹拉起更为有效。"

斯莫洛夫的赛前提示含金量十足："只要运动员踏上举重台，他必须对所有参与运动的肌肉'有感觉'，并用意志将其连接成一条连续的链条——从脚到手。"

值得注意的是，在硬拉方法的分析中，斯莫洛夫选择忽略组织形变。把肌肉紧密地串联起来自然不用说，为什么还要浪费时间谈论它呢？

这位俄罗斯教练继续说道："想象有一根弹性棒贯穿全身，'拉直'这根棒子可以帮助运动员挺直并拉起杠铃。此外，你必须将注意力集中在这样的事实上，即你不是在提起杠铃，而是在提起自己以及绑在手上、与身体连为一体的杠铃。这种想法，这种感觉要从运动员动态起始动作开始，一直持续到杠铃锁定。"

曾经的三项世界硬拉最高纪录属于苏联的相扑式硬拉选手：以165磅（74.8千克）体重硬拉793磅（359.7千克）、力量-体重比达到4.8的奥列克桑德尔·库彻（Oleksandr Kutcher），以242磅（109.8千克）体重硬拉892磅（404.6千克）的尤里·费多伦科（YuryFedorenko）和以308磅（139.7千克）体重硬拉909磅（412千克）的马克西姆·波蒂尼，他们的训练体系都可以追溯至谢尔盖·斯莫洛夫。你可以试试这个男人的训练方法，除了软弱，你还有什么可以失去的呢？

奥列克桑德尔·库彻是众多使用斯莫洛夫训练系统的苏联伟大硬拉运动员之一
照片由《美国力量举》杂志友情提供

斯莫洛夫相扑硬拉技术总结

- 双脚打开，与手臂展开时的肘间距离同宽。

- 抬头，向前、向上看。

- 调整肩膀姿势，使其位于杠铃杆的正上方，并依靠背阔肌发力保持这个姿势。

- 让你的髋关节靠近杠铃杆——不需要做出深蹲姿势或调整背部——推动膝关节外展即可。

- 将杠铃杆和身体重心精确对齐脚中心——恰好位于脚跟骨和大脚趾的第一关节的中线处。

- 垂直向上拉起。

- 专注于伸直身体，而非拉动杠铃杆。

- 在调整姿势的过程中，用意志将从脚到手的所有肌肉连成一条链条。

- 想象你身体中插入了一根弹性棒将身体拉直。

- "你不应该试图快速拉起杠铃——如果不是硬拉最大重量的话这是可能的——你应该尝试在整个硬拉过程中，能够始终保持最大力量，有力地、稳定地拉起杠铃。"

世界纪录保持者马克西姆·波蒂尼的训练方法源自伟大的斯莫洛夫系统

"一个做不好硬拉的人不配喝香槟"

俄罗斯是一个彻头彻尾的伏特加国家。然而，自从轻骑兵时代结束以来，香槟一直与成功联系在一起。"不敢冒险的人不配喝香槟！"俄罗斯谚语这样说道。

杰出的俄罗斯教练阿斯科尔德·苏罗维茨基（Askold Surovetsky）对这句谚语稍加修改，即"一个做不好硬拉的人不配喝香槟！"你一定会同意他的说法，否则你不会阅读这本书。继续读下去，你会找到一整箱属于你的香槟王（Dom Perignon）。

像大多数俄罗斯力量运动员一样，苏罗维茨基同样尊重经典的美国训练体系。"如果你看看丹·奥斯汀（Dan Austin）、埃德·科恩和约翰·库克（John Kuc）等著名力量运动员的硬拉训练计划或者'芬兰体系'的举重训练计划，你会发现，它们都

奥斯汀使用短周期和大重量增幅进行训练。即使在 15 年之后，他的以 148 磅（67.1 千克）体重硬拉 704 磅（319.3 千克）的成绩仍然是可望而不可及的
照片由《美国力量举》杂志友情提供

是围绕每次训练增加重量建立起来的。"

"你可以使用不同的硬拉训练系统，并且定期更换。重要的是，要遵循渐进超负荷的原则。"换句话说，就是要循序渐进。苏罗维茨基喜欢安排8~12周的训练周期。下面给出了一个他最为常用的训练周期。几年前，我用它取得了重大进步，你也可以的。

苏罗维茨基硬拉训练周期

周数	周一	周六
组间休息5~10分钟	大训练量，触地即起	大重量，完全静止启动
1	70 × 5/5	81 × 3，85 × 2，88.5 × 1/3（重复次数/组数）
2	72.5 × 5/5	81 × 3，85 × 2，88.5 × 2/3
3	75 × 5/5	82.5 × 3，87.5 × 2，94 × 1/3
4	77.5 × 4/4	82.5 × 3，87.5 × 2，94 × 2/3
5	80 × 4/4	84 × 3，94 × 2，100 × 1/3
6	82.5 × 4/4	84 × 3，94 × 2，100 × 2/3
7	85 × 3/3	85.5 × 3，97.5 × 2，105 × 1/3
8	87.5 × 3/3	85.5 × 3，97.5 × 2，105 × 2/3
9	90 × 2/2	最大重量

注：示例中的单位为千克。

这位俄罗斯教练交替安排大训练量和大重量的训练日，并坚持认为，两者之间需要休息3~5天，理想情况下，应该在大训练量训练日之后休息5天，在大重量训练日后休息3天。由于这与以周为单位的训练周期不协调，所以我把大重量训练日安排在了周六，把大训练量训练日安排在了周一。我建议你也这样做。

苏罗维茨基训练计划的独特之处是，在大重量训练日进行从完全静止状态起始的硬拉，在大训练量训练日进行触地即起式的硬拉训练。从完全静止状态起始的硬拉是成功的必备条件，因为启动力量对于老一辈口中的"静物举重"至关重要。至于触地即起式的硬拉训练，俄罗斯人主要用它们来优化硬拉路径，同时帮助增肌。

苏罗维茨基强调，你必须通过反向动作放低身体，换句话说，你要同时弯曲你的髋关节和膝关节，腿不要僵直不动。"触地即起"并不意味着杠铃要触地弹起，杠铃片只是轻触地面，轻柔到杠铃片不会因撞击发出嘎嘎声。在完成反向动作时注意保持身体绷紧！请注意，触地即起式硬拉可能具有危险性，因为它们容易使人前倾。幸运的是，阿斯科尔德·苏罗维茨基在大训练量训练日设定的百分比非常适中，所以，如果你的技术过硬，这应该不是问题。中等重量是合适的，它不仅足以优化举重的动作路径，还能促进肌肉生长，这就是可控的离心运动的好处。

如果你是传统式硬拉训练者

像许多人一样，苏罗维茨基进行相扑式硬拉训练，他的训练周期也是基于这种风格设计的。不过，我已成功地将苏罗维茨基的训练计划应用于传统式硬拉训练，相信你也可以。

在大重量硬拉训练日，你可以进行从完全静止状态起始的传统式硬拉。在大训练量训练日，你可以任意安排传统式或者相扑式硬拉。如果你安排传统式硬拉训练，必须强调腿部的力量驱动。

传统的触地即起式硬拉容易造成臀部抬高、双腿半僵直的情况。不要让这种情况发生。或者，你可以减轻重量，并在小重量训练日安排相扑式硬拉。当进行触地即起式硬拉训练时，相扑式硬拉更为安全。此外，强壮的臀肌不会伤害任何硬拉训练者。

注意进展模式。在大训练量训练日，这位俄罗斯人以传统的5×5硬拉训练开始，然后逐渐减少重复次数和训练量，4×4，3×3，最后到2×2。训练量下降，同时训练强度上升，这是经典的力量训练模式。值得注意的非同寻常的细节是，这个训练计划设计的重量百分比非常保守。例如，5×5的训练对应的重量百分比最高只有75%，而大多数训练计划中对应的重量百分比都会达到80%，俄式的常规深蹲训练计划中对应的重量百分比可高达85%。使用较小的重量是有原因的。在俄式深蹲训练计划中，5×5对应大重量训练日，正是打造力量的时候。在苏罗维茨基的训练计划中，5×5对应小重量训练日。周六使用大重量的单次组和2次组进行训练才是打造力量的时机；周一的小重量训练是你优化技术和增加（至少是保持）肌肉量的时候。

在大重量训练日，这位俄罗斯教练采取双重进展的方法。首先完成给定重量的3组单次组训练，然后完成3组2次组的训练。接下来增加重量，重新开始并重复上述训练模式。这种方法不仅可以增强力量，还可以建立信心。

对一个硬拉的1 RM值为500磅（226.8千克）的训练者来说，他的训练计划示例

周数	周一	周六
组间休息5~10分钟	大训练量，触地即起	大重量，完全静置启动
1	350 × 5/5	405 × 3，425 × 2，445 × 1/3
2	365 × 5/5	405 × 3，425 × 2，445 × 2/3
3	375 × 5/5	415 × 3，440 × 2，470 × 1/3
4	390 × 4/4	415 × 3，440 × 2，470 × 2/3
5	400 × 4/4	420 × 3，470 × 2，500 × 1/3
6	415 × 4/4	420 × 3，470 × 2，500 × 2/3
7	425 × 3/3	430 × 3，490 × 2，525 × 1/3
8	440 × 3/3	430 × 3，490 × 2，525 × 2/3
9	450 × 2/2	最大重量

注：示例中的单位为磅，1磅 ≈ 0.45 千克。

对于除了初学者之外的训练者，以之前的1 RM的105%的重量完成3组2次组的训练过于激进了。这就是许多美国精英力量举运动员不关心重量百分比的原因。贾德·比亚索托（Judd Biasiotto）博士对此的解释是："基于百分比的训练计划就像试图将橘子与苹果做比较，或者将贝芙·弗朗西斯（Bev Francis）（奥林匹亚小姐亚军）与辛迪·劳珀（Cindy Lauper）（女歌手）做比较。你不能'这样做'！因为对一个能够深蹲500磅（226.8千克）的训练者和一个只能深蹲250磅（113.4千克）的训练者来说，10%的增量意义完全相同。基于重量百分比的训练计划的明显缺陷是，举重者举起的重量越大，为他预设的进步幅度也会越大。"

为了使基于重量百分比的周期化训练能够实现你的预期，你需要根据最近的实际重量增幅，以更实际的重量百分比重新计算计划中的重量增幅。以下是具体的做法。

你最近一次大重量训练为1 RM的105%×2/3。做一个客观冷静的估计：在一个固定的训练周期之后，你还能用多大重量完成2/3的训练。这个重量对应的百分比可能在95%~100%这个范围，对世界级的举重运动员来说，这个百分比甚至更低。

将这个重量作为你最近的大重量训练使用的重量，并将其视为1 RM的105%，相应地计算所有训练使用的重量。例如，我们示例中的这位能够硬拉500磅（226.8千克）的训练者雄心勃勃地决定，在这个强大的俄式训练周期结束时，他能够以原来的最大重量完成3组2次重复的训练，即500×2/3，然后用500除以105并乘以100，计算出新的"100%"的重量。

500÷105×100=476磅

将该数字近似取整为475，并根据这个新的"最大重量"计算出整个训练周期的不同阶段使用的重量。例如，70%对应的重量是335磅（152.0千克），按照之前的最大重量，70%对应的重量实际是350磅（158.8千克），但在训练周期中，应使用335磅（152.0千克）的重量。这样的话，基于475磅（215.5千克）的1 RM值，你最终的训练结果将是下面这样的。

周数	周一	周六
组间休息5~10分钟	大训练量，触地即起	大重量，完全静止启动
1	335×5/5	385×3，405×2，420×1/3
2	345×5/5	385×3，405×2，420×2/3
3	355×5/5	390×3，415×2，445×1/3
4	370×4/4	390×3，415×2×445×2/3
5	380×4/4	400×3，445×2，475×1/3
6	390×4/4	400×3，445×2，475×2/3
7	405×3/3	405×3，465×2，500×1/3
8	415×3/3	405×3，465×2，500×2/3
9	430×2/2	最大重量

注：示例中的单位为磅，1磅≈0.45千克。

如何调整目标过高的训练周期

- 保守估计在训练周期结束时你能以 2/3 的方式完成的重量。
- 将上述重量看作你"当前最大重量"的 105%。
- 用上述重量的数值除以 105 并乘以 100，估算当前可以使用的"最大重量"：

最近完成 2/3 的训练使用的重量磅数 ÷105×100= 新的 1 RM（用于计算训练周期的不同阶段使用的重量）

- 基于新的 1 RM 重新计算训练重量。

　　可以使用相同的步骤下调任何过高的、基于百分比的训练计划目标。你需要做的，就是将训练周期中使用的最大训练重量降低到切合现实的水平，并根据新的数字重新计算所需的重量百分比。例如，你正在执行俄式深蹲的训练计划，最终需要达到100%×2/2 的训练目标。你当前的最大深蹲重量为 500 磅（226.8 千克），作为一个只能完成低重复次数训练的人，预估完成 455 磅（201.8 千克）×2/2 的训练目标对你来说已经足够了。那么 455 磅（201.8 千克）就是新的 1 RM。

　　再举一个例子，如果在训练周期结束时，你要达到 97%×3 的目标。你的深蹲重量同样是 500 磅（226.8 千克），你知道完成 485 磅（220 千克）×3 的训练不是很有把握，而 465 磅（211 千克）×3 的目标更为合理，那么就让 465 磅（211 千克）对应 97%。465÷97×100=479。使用此数字，或者简单起见使用 480，来计算后续的所有百分比。

　　由于超宽站距的相扑硬拉姿势需要极高的身体灵活性和柔韧性，这位俄罗斯教练建议你在热身训练中加入哥萨克拉伸（详见《徒手斗士》的放松拉伸和超级关节部分），将其安排在自重深蹲和山羊挺身之后。然后从1 RM的30%这种较小的重量开始，逐渐将重量从6 RM增加到3 RM。换算成磅并取整后，苏罗维茨基为能够硬拉440磅的训练者设计的训练重量逐渐增加的大训练量训练日如下：135×6，185×5，245×4，295×3；大重量训练日如下：135×6，205×5，275×4，335×3。热身组的组间休息为1~3分钟。

满头白发也不能阻止力量举教练苏罗维茨基实践他的信条

PAVEL

关于辅助训练。

如果硬拉启动是你的弱点，那么用同样的相扑站姿、站在4英寸（10厘米）高的平台上硬拉。以（5~6）/（4~5）（重复次数/组数）的形式训练，每完成一组增加训练重量。如果你需要以此来加强启动力量，那么可以在大重量训练日，将其安排在比赛式硬拉之后训练。

如果你在锁定上比较吃力，并且中背部有些弯曲，那你需要训练部分动作幅度的硬拉——仍然选择相扑式硬拉——从略低于膝盖的位置起始硬拉。俄罗斯人会把木块垫在杠铃片下，而不是将杠铃放在框式深蹲架上硬拉。这样硬拉的感觉更加自然，握杠更加容易，当你放下杠铃时，你的身体也不会感觉到震动。但框式深蹲架会在必要之时发挥作用。以（1~3）/（3~5）的方式，采用超出最大重量10~30千克（或25~65磅）的重量，安排在大重量硬拉之后训练。

当然，如果你是一个传统式硬拉训练者，深度硬拉和部分动作幅度硬拉都应该以传统姿势进行。

苏罗维茨基有意避免专门的握力训练。他说，只要在硬拉全程（包括锁定环节）避免使用助力带，你的握力自然会越来越强。

这位俄罗斯力量举教练同样建议你，以（8~10）/（3~4）的方式安排背阔肌下拉、窄握低位滑轮下拉（至腹部）、引体向上、俯身划船等上背部辅助练习。并且他告诫说，在一次训练中，安排的辅助练习不能超过3种。

俄式相扑硬拉技术

双脚尽可能站得宽一些，宽到在杠铃杆下几乎快要碰到两边的杠铃片。双脚外展45°~60°。请注意，双脚外展角度过大，会影响锁定时身体前后的平衡性，并且需要更精确的技术。

稍稍向下低头，眼睛看着杠铃杆。将身体向下拉向杠铃杆，同时保持背部挺直——不要与"垂直"混淆——并推动膝关节外展。将骨盆向着杠铃杆前推，并注意保持背部挺直。

努力向下伸直双臂。向前转动肩膀并沉肩，以减少拉动距离，同时注意不要弯曲背部。

避免两种极端情况——腿部过于僵直或者深蹲过低。

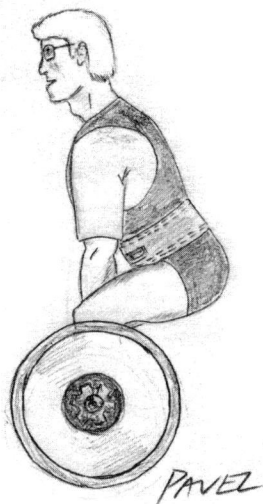

"在放低身体的过程中，腿部肌肉应该像拉开的弓一样被拉伸，并为复位运动做好准备。"阿斯科尔德·苏罗维茨基评论道。

力量举界有一种说法：放下越困难的话，举起会越容易。苏罗维茨基强调在放低杠铃时必须全神贯注："简单地说，放低杠铃时如果不够专注会导致严重的后果。第一，你会更难设定正确的启动姿势，并且难以为起始动作调动全身肌肉。第二，骨盆会因此放得更低，这会增加硬拉的距离。准备阶段是运动中非常重要的环节，但在训练中往往被忽视。"

"启动姿势：膝关节最大限度外展，膝盖指向与脚尖方向一致。骨盆贴近杠铃杆。背部挺直并收紧。双肩下沉位于杠铃杆正上方。保持头部正对前方。手指不能紧握杠铃杆，而是形成类似钩子的结构。双臂此时并未发力，只是起连接作用。"

如果你的身体柔韧性不足，无法在没有疼痛的情况下做出这种启动姿势，那你需要从《徒手斗士》中学习一些"力量拉伸"的知识。请注意，如果你的膝关节未能充分外展，那你在启动阶段的杠杆效果是无法达到最佳的。

准备将杠铃拉离地面。深呼吸，进行"张力拉伸"。俄罗斯的力量举运动员从他们的奥林匹克举重同胞那里借用了这个伟大的术语。"张力拉伸"就是指身体在保持高张力的条件下拉伸，就像张开的弓一样，随时准备回弹爆发出力量。丹·约翰告诉年轻的举重运动员，在硬拉启动时尽可能地向着相互远离的方向拉伸下巴和尾骨，就是在完成"张力拉伸"。在卧推时，当力量举运动员努力将胸部靠近杠铃杆，同时保持胸肌绷紧，这也是"张力拉伸"。当一位掰手腕运动员在"开始"指令发出前绷紧肌肉，稍微弓背，并外展肩胛骨以拉伸背阔肌促进发力时，这也是"张力拉伸"。因此，逐渐拉伸整个绷紧的身体，就是在完成"张力拉伸"。

专注于双脚用力蹬地，将杠铃拉离地面。苏罗维茨基强调，你的上背部和肩部肌肉应该迟一些发力，应率先依靠双腿发力驱动。只有当你的腿部发力，将杠铃拉离地面后，上背部肌肉才能顺利发力参与辅助。保持相扑式硬拉的正确启动姿势需要很大的耐心。"任何情况下都不能突然起始动作！"这位教练要求到，"这不是抓举，这是硬拉。每个人都知道，抓举重量要比硬拉重量小得多。"

保持头部正对前方或稍微抬起，保持杠铃杆靠近双腿，开始发力向上。屏住呼吸，保持躯干的刚性。不要让你的髋部先于肩膀发力！保持耐心。至少在硬拉的上半程应该如此。在苏罗维茨基的相扑式硬拉中，双腿率先完全伸直，然后收紧臀肌和上半身肌肉完成硬拉。将骨盆前推，挺胸，有力但不能完全地呼气。保持肩膀下沉，在身体挺直之前不要将其抬起。

放下杠铃！

三盏白灯（举重成功），外加一箱香槟。

不要泄漏硬拉力量！

几年前，我遇到了两位重量级的人物，他们使我对力量的了解有了质的提升。其中一位是拳击教练史蒂夫·巴卡里，另一位是脊柱生物力学家斯图尔特·麦吉尔教授。正是这两位绅士创造了"泄漏"一词，因为它适用于你的运动力量。一旦理解了这个概念，确认了你在硬拉中存在的"泄漏"问题，并将它们"堵住"，我保证你的硬拉力量会得到显著提高。

麦吉尔教授解释了这个概念："向心收缩阶段会增加能量，而离心收缩阶段则会消耗能量。因此，如果强壮关节的向心动作迫使较弱关节处于离心收缩状态，那么这就形成了一种泄漏。如果你用脚后跟钉紧地面，需要考虑伸展髋关节。在这种情况下，双脚平贴地面的方式会消除力量的泄漏。因此，沿动力链的离心收缩是一种泄漏。爆发式的髋部收缩和核心区没有绷紧是一种泄漏，而绷紧的核心区可以毫无损失地将力量传递至肩部。"（"你不可能推动绳子，但你可以推动石头。"）

换句话说，如果一个肌群正在努力工作，而另一个肌肉群却没有正常运转，那后者就会像黑洞一样吸收前者的力量，会拖后腿而不是提供辅助。

硬拉过程中至少存在9个潜在的泄漏点：脚、脚踝、膝关节、髋关节、腰椎、胸椎、肩胛骨、肘部和手腕。我们需要弄清楚是什么导致了力量的泄漏，以及需要什么类型的干预方式进行修复。

但首先需要指出，下面的内容并不意味着，你不应该以膝盖前伸、髋部抬高、背部拱起等姿势起始硬拉。只是在拉起杠铃的进程中，这些关节不应该过多地趋向于离心收缩。只要符合技术要求，你可以从这些关节的任何程度的弯曲起始硬拉。但这之后，这些关节的运动模式只有一种——伸直。

脚

中国人说，人体的衰弱是从脚部开始的。硬拉亦是如此。如果你的脚在压倒性的重量下被压扁，你就会败于竞争对手。

因此，让你的双脚保持健康强壮是至关重要的。训练壶铃哈克深蹲、跳绳、用脚趾拾取小石头、单脚保持平衡等练习都可以提供帮助。要赤脚完成上述练习。在俄罗斯，他们甚至有一种特殊装置来强化足弓肌肉。格雷·库克和布雷特·琼斯（Brett Jones）编写的《脚和脚踝的秘密》（Secrets of the Foot and Ankle）（见龙门网站：www.DragonDoor.com）是使你的脚保持健康强壮的良方。

另外，要穿紧致一点的鞋子。有一个关于一位俄罗斯人穿着比平时小两个尺码鞋子的笑话。当被问到这个问题时，他解释说，他的生活很悲惨，每天唯一期待的就是

里基·戴尔·克雷恩："朋友不会让朋友穿查克·泰勒鞋"
照片由里基·戴尔·克雷恩友情提供

回家赶紧脱掉鞋子。

里基·戴尔·克雷恩（Rickey Dale Crain）像俄罗斯人一样强壮，他也主张穿紧致一点的鞋子。在他的书——《极限硬拉》（*Xtreme Deadlifting*）中，他这样写道："鞋子应该非常合身地贴合脚的轮廓。绝对不要穿偏大的鞋子。你肯定不希望你的脚在鞋内移动或滑动。一只好的、紧致的鞋子会逐渐贴合你的脚部轮廓，你也会习惯于鞋子的松紧程度（实际上我的鞋子有点过紧了，已经到了感觉不舒服的程度），就像穿戴力量套装那样，如果需要，你可以穿上两双袜子来调整其松紧程度。请记住，紧致度是游戏的名称。你穿得越紧或感觉越紧，硬拉的感觉就会越好。请记住，'朋友不会让朋友穿查克·泰勒鞋'。"

因为过紧的鞋子不利于脚部健康，所以应把它们留在比赛时和用于完成90%以上训练强度的训练组。同时，穿一双宽松的摔跤鞋或穿上查克·泰勒鞋挑战里基·戴尔·克雷恩是有失尊重的。

脚踝

脚与膝关节一起伸直构成了"腿部驱动"。我想起了这个事实：当我在小腿痉挛时尝试完成一些硬拉站姿的腿举，结果行不通！

膝盖前移会使踝关节的力量泄漏变得更加明显，但通常不会是虚弱的小腿肌肉导致这类问题。将注意力从腿部驱动转移至背部和髋部，以此来完成硬拉才是罪魁祸首。只依靠背部硬拉，而不用腿部驱动的人也容易出现这种问题。这种情况通常发生在膝盖下方几英寸的位置，你不太可能在这时恢复拉力。

踝关节力量泄漏的处理方法与膝关节相同。

膝关节

这种力量泄漏有如功能障碍一样出现。再次强调，这是你过早停止用脚蹬地的缘故。你必须明白，即使在这个阶段，股四头肌对拉起杠铃的作用也不大，但保持它们绷紧仍然是稳定或支撑臀肌，将杠铃硬拉到位所需要的。在RKC课程中，我们教授了"静力重踏硬拉"这个补救练习，用来帮助硬拉训练者在将杠铃杆拉至顶部的过程中，可以始终保持腿部的力量驱动。最好赤脚完成训练。小重量硬拉——我们使用的是一对壶铃，你可以使用每侧装有1~3片杠铃片的直杆杠铃训练——然后停在锁定位置。在训练过程中保持身体绷紧，并保持浅呼吸。

抬起膝盖，用力收紧臀肌。用力收缩腘绳肌和内收肌。收紧核心区肌肉。保持手臂和肩部放松。

苏联举重大师尤里·弗拉索夫曾经说过，当他举重时，他的双脚会"燃烧"。在武术中，有一种"生根"的概念。多亏了脚上的机械感受器或压力传感器以及一些其他原因，越是用力蹬地，你获得的力量就会越大。因此，下一步是将注意力集中在双脚用力蹬地上，通过整个脚底板用力，就像要踩碎地板那样。显然，不会出现任何位移，你只是需要在意识层面坚持。你会注意到，你的身体张力会进一步增强。这样坚持1分钟左右。

消除身体的张力，休息几分钟，然后选择中等重量继续训练硬拉。你会惊喜地发现，你的拉力非常强劲而稳定，没有任何滞涩，你从头到尾都可以运用所有的肌肉发力。交替安排常规硬拉与静力重踏硬拉的训练，并在两者之间加入放松练习。

我曾与力量教练杰伊·施罗德交谈，他告诉我，他要求他的运动员进行同样的训练。唯一的区别是，杰伊会让他们握住杠铃杆坚持整整5分钟，保持身体绷紧，同时双脚用力蹬地，并且不使用助力带。训练负重因人而异，根据杰伊的经验，其范围在1RM的20%~77%不等。我一直使用此练习只是出于矫正技术的目的；根据杰伊·施罗德的说法，它值得大量训练，因为它同样可以让你变得更强壮。

克服膝关节力量泄漏的底线就是，全程保持双脚用力蹬地，一直到锁定杠铃。

绷紧髋部屈肌是导致障碍的另一个原因。臀肌无法全程伸展髋部，所以为了获得稍微直立的姿势，硬拉运动员会再次弯曲膝关节，并过度伸展其背部。力量拉伸技术会向你展示解决这个问题的方法。

髋关节

在硬拉启动时，臀部快速翘起是导致髋关节力量泄漏的原因。当股四头肌和背部肌肉的发达程度远远超过臀肌时，就会发生这种情况。当你试图快速硬拉时也会发生这种情况。一个较弱的"楔子"可能也是一个问题。力量拉伸技术同样可以解决这一问题。

腰椎

如果随着杠铃被拉离地面，你的下背部开始拱起，说明你的力量正在泄漏。根据沃罗比约夫（1972）对奥林匹克举重运动员的研究，当下背部拱起时，硬拉启动力量增强了8.3%。俄罗斯力量举队主教练鲍里斯·谢科解释说，这种拱起增加了躯干的刚性，可以使运动员把腿部力量更完整地传输到杠铃上。

造成这种类型泄漏的首要原因是背部肌肉或核心区肌肉无力。

第二个原因是缺乏将脊柱锁定在中立位并提供支撑的技术。依靠背部发力的硬拉训练者可能有一套强壮的"支柱"，就是俄罗斯力量举运动员所说的竖脊肌，但他们是动态地使用竖脊肌发力，而非利用其提供静态支撑。阅读斯图尔特·麦吉尔博士的《终极背部健康和运动表现》可以了解这种支撑技术。抓举握姿的硬拉非常适合使用拱起背部的技术。由世界冠军S. 格利亚迪亚（S. Glyadya）和来自乌克兰的M. 斯塔洛夫（M. Starov）教授推荐的以下硬拉变式也具有同样的效果。拱起背部和形成支撑只是这些练习提供的众多益处中的2个。

1）慢速硬拉

改变速度：

a. 拉起用时3秒，放下用时3秒

b. 拉起用时5秒，放下用时5秒

c. 拉起用时10秒，放下用时10秒

2）停顿硬拉

乌克兰人建议安排3~4次停顿，并在以下每个位置停顿2~5秒：

a. 杠铃离开地面1~2英寸（2~5厘米）的位置

b. 略低于膝盖的位置

c. 略高于膝盖的位置

d. 锁定位置

你可以只在硬拉的向心阶段或离心阶段停顿，也可以在拉起、放下的过程中都停顿。每组安排的重复次数不要超过3次。这项练习的好处不仅仅是解决背部肌肉的力量泄漏问题。"这项练习不仅可以帮助你精进技术，"乌克兰专家承诺道，"如果杠铃在黏滞点'卡住'了，它可以帮助你学会如何保持重量通过黏滞点，顺利完成硬拉。"

3）硬拉至膝盖高度，最好站在箱子上

在膝盖处停顿3~5秒。

4）在黏滞点的静力硬拉

将该练习安排在常规硬拉之后，要使用助力带。这里有一些负荷参数可供选择。

1. 3秒/5组
2. 5秒/3组
3. 10秒/1组

没有借助髋部屈肌"铆钉"来固定杠铃拉离地面的身体姿势，是你在维持背部拱起姿势时出现问题的原因之一。查看力量拉伸的知识，学习如何在深蹲和硬拉中高效使用髋部屈肌。

胸椎

如果你的技术需要，你可以以上背部稍微拱起的状态启动硬拉，但是一

麦吉尔博士独特的练习可以修复上背部的力量泄漏问题
照片由斯图尔特·麦克吉尔教授的加拿大滑铁卢大学脊柱生物力学实验室友情提供

旦杠铃开始移动，就不能继续弯曲背部。如果你的上背部会在硬拉即将结束时向前弯曲，那么业已得到验证的矫正练习就是部分动作幅度的硬拉。谢科建议从略低于膝盖的位置起始硬拉。显然，你不能使用太过沉重的重量训练，否则你的上背部无法正常拱起，这个练习的目的也就无法达成了。

卡兹迈尔发明了一种练习，可以如激光般准确地强化上背部的所有薄弱点。面部朝下，趴在一张水平的或上斜的卧推凳上，胸骨以上的躯干部分悬在空中。如果卧推凳是水平的，需要有人向下压住你的双脚。一只手握住哑铃。在将手中的哑铃放低几英寸的同时，稍稍弯曲并旋转脊柱。然后向回拉起哑铃，并使脊柱恢复到中立位。不

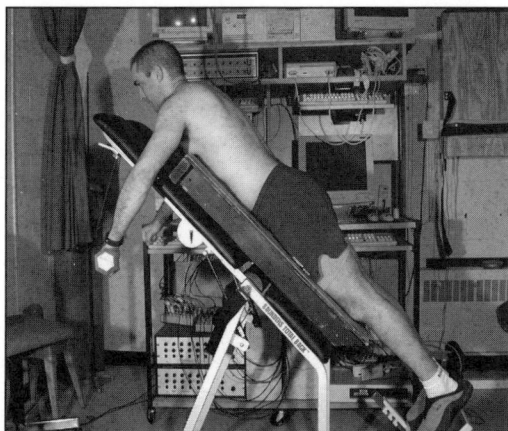

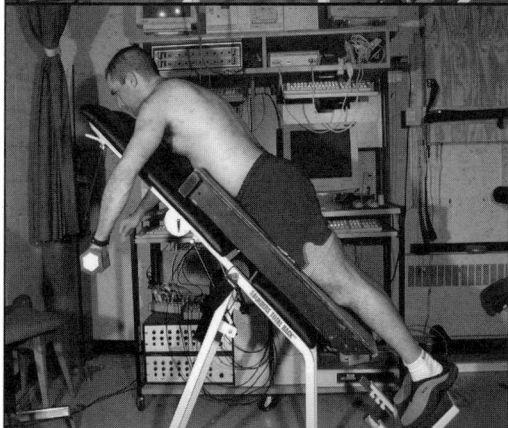

要耸肩，不要过度伸展背部。

换另一只手重复上述训练。然后，向上移动身体，使更多躯干部分悬空，重复上述过程。著名的脊柱生物力学家斯图尔特·麦吉尔博士十分赞赏这项练习，并建议设置7~8级训练以定点强化所有背部伸肌的运动单元。"开始时，手上的负荷通常不是很大，因为此时你的目标是培养专注于感知肌肉的不同部位并激活它们的能力，这时候心理意象是最重要的。"

"在背部伸肌训练中，移动支点是训练肌肉内不同运动单元的合理方法。支点沿着躯干有序地移动，每次的位置变化都会稍稍改变机械力学的需求。这种有序变化可以系统地改变伸肌运动单元池中的每个部分。"这位科学家坚持认为，你应该专注于感受正确的肌肉状态。"意象可以强化激活每个可用的运动单元。"

如果身体不能舒适地靠在卧推凳的边缘，你可能需要在卧推凳的上沿垫上一块短而硬的垫子。或者，你也可以躺在健身球上，双脚钩住球体的侧下。

肩胛骨

初学者易犯的一个明显错误是，在启动硬拉时向上、向后耸肩。除此之外，如果你不能依靠背阔肌拉起杠铃，或者做法错误，就会出现问题。错误的做法，我认为类似于在俯身划船中的背阔肌发力方式。背阔肌的正确使用方式应该类似于直臂下拉或体操中的前水平。背阔肌、前锯肌和腹外斜肌应该作为一个整体进行收缩，"收紧"身体的侧链肌肉。这样你的肩膀会朝向骨盆方向"反耸肩"运动。

尽管尽可能持久的姿势会减少肌肉的收缩程度，但是RKC导师肯尼思·杰伊（Kenneth Jay）警告说，如果你做得太过，最后肩膀前部可能会受到冲击，特别是在旋前的一侧。此外，如果启动阶段持续得太

约翰·库克的背阔肌没有力量泄漏
照片由《美国力量举》杂志友情提供

久，一些举重者难以让肩膀回到顶部。因此，需要个性化选择肩胛骨回缩的程度。

最好的背阔肌负载技术是我从RKC导师马克·瑞夫金德那里偶然学到的。站立在杠铃前，拱起下背部，稍稍弯曲膝关节。吸气，放低身体时保持张力，直到你的手几乎碰到杠铃杆，这个练习可以使你保持双肩下沉，缩短收缩行程，并可以防止后续的力量泄漏。

伸手握住杠铃，每次调整一只手的握姿。如何做到这一点是关键。当你握住杠铃杆的滚花时，你的手臂和肩膀仍然保持放松，身体的刚性就像穿上超紧身的深蹲服和护膝、无法向下蹲时那样，呼出一点气。这是我在《徒手斗士》中讲授的力量呼吸技术。将舌头抵在牙齿之间，收缩腹肌和握姿调整侧的腹斜肌，并在保持高腹内压的情况下呼出一点气。这项技术值得耐心练习，以正确掌握其要领，因为它比任何其他类型的呼吸方式更有利于保持身体绷紧。

如果你正确地完成了以上所有操作，那么你的背阔肌会处于强力锁定状态，杠铃杆会明显弯曲（训练该技术时最好采用弹性的硬拉杠铃杆或奥林匹克举重杠铃杆）。你的腰部也会得到完美的支撑。如果仍然"难以沉下肩膀"，那就用另一只手碰到杠铃杆，重复这个训练过程。确保髋部不要放得太低。

肘关节

如果在硬拉启动阶段肘关节弯曲了，重量会很快将其拉直。做过肱二头肌肌腱复位手术的人要注意了。在你放低双臂握住杠铃杆时，要锁定肘关节，同时用力收缩肱三头肌，并保持这种状态。如果手臂拉动对你来说是个问题，不要向下看，向上一点看着裁判的头部会比较好。

手腕

在握杆的时候，弯曲手腕并不总是有效的。里基·戴尔·克雷恩说："如果在握杆时手出现旋转，在杠铃重力的作用下，杠铃杆很可能会滑脱，将旋转的手（弯曲的手腕）重新拉回到笔直上下的姿势。"

我坚信，上述建议会使你的硬拉成绩显著提高，并且更加安全。祝你变得更强壮、更健康！

为何俄罗斯人热衷于雕琢硬拉

硬拉935磅（424.1千克）的运动员马克·亨利（Mark Henry）打趣说："慢速研磨过程是成就优秀的力量举运动员的关键。"换句话说，当你需要将汽车拉出泥沟时，你会叫一辆拖车，而不是法拉利。这就是俄罗斯力量举教练的建议背后蕴含的基本思想，不要快速硬拉，不管你使用的是斯莫洛夫硬拉训练系统、苏罗维茨基硬拉训练系统，还是谢科硬拉训练系统。

体育大师谢尔盖·斯莫洛夫在1990年首次阐述了这一观点，那年俄罗斯人刚刚加入国际力量举联合会，并获得他们的第一枚力量举国际大赛奖牌："速度和力量之间存在一个重要的关联——肌肉收缩越快，在最大张力下可以产生的力量就越小，即相较于缓慢地举起杠铃，快速举起杠铃需要更大的力量，相应地，上拉杠铃的速度越慢，能拉起的重量就越大。"

与比赛式硬拉中的保持相对快速的思维设定相反，至少有三个理由告诉你要为稳定的、坚持不懈的努力做好心理准备：希尔的力量-速度方程、牛顿第二定律和迪库尔取得460千克硬拉成绩的实践。

1.力量-速度关系

希尔方程式表明，速度越快，产生的张力和力量就会越小，反之亦然。斯莫洛夫引用这个经典方程式并总结说："这就是为什么不要尝试快速硬拉——不是说使用最大重量是不可行的，而是你应该在整个过程中保持最大的努力，用力地、稳定地拉起杠铃。"

回应高手的质疑

如果你不是书呆子，请跳过这个标题，省得烧脑。

尽管经典的力量–速度曲线一直以来饱受科学家的质疑，但这些研究不太可能对我们的训练产生任何影响。

希尔曲线（1938）是双曲线，随着速度从零开始增加，相应的力量值在不断下降。它表明，如果不是离心运动，速度越慢，力量越强。希尔使用离体的青蛙肌肉做了体外研究，这种材料为证明他的方程提供了理想条件。在活体内研究肌肉时，肌肉的神经控制改变了经典曲线。珀赖因（Perrine）和埃杰顿（Edgerton）1978年让健康的成年人在7种不同的速度下完全伸展膝关节，并使用等速测力计进行测量。他们发现，虽然力量在某个慢速时达到最高，但当速度为零（等长收缩）或接近零时，它会略微下降。他们得出结论，认为神经抑制存在缺陷：一种限制活体内肌肉最大张力的神经机制，被设为是人体肌肉与分离的动物肌肉在力量–速度关系方面存在显著差异的主要原因。这是非常有意义的——没有经过力量举训练的运动员没有必要尝试雕琢最大力量。

上述研究决不建议快速完成比赛式硬拉。我冒昧地猜测，如果使用等速硬拉测力计对精英力量举运动员进行研究，他们的力量–速度曲线会接近希尔方程的理想状态。后来，由卡约佐（Caiozzo）、珀赖因和埃杰顿（1981年）开展的研究支持这一观点。当条件接近等距时，未经训练的受试者表现出相同的力量下降趋势。经过4周的训练，根据这些低速训练的受试者的数据绘制的曲线更接近理想的希尔曲线。换句话说，他们学会了如何更好地研磨力量。

科学家可以随心所欲地质疑希尔曲线，但他们无法改变斯莫洛夫的推荐。用柴商斯基和克雷默（Kraemer）2006年的话说，"人类自然运动中的力量–速度曲线可以被认为是双曲线的。这种近似关系并不是绝对准确的，但相对于运动训练中的实际问题来说，这个准确度是可以接受的。"

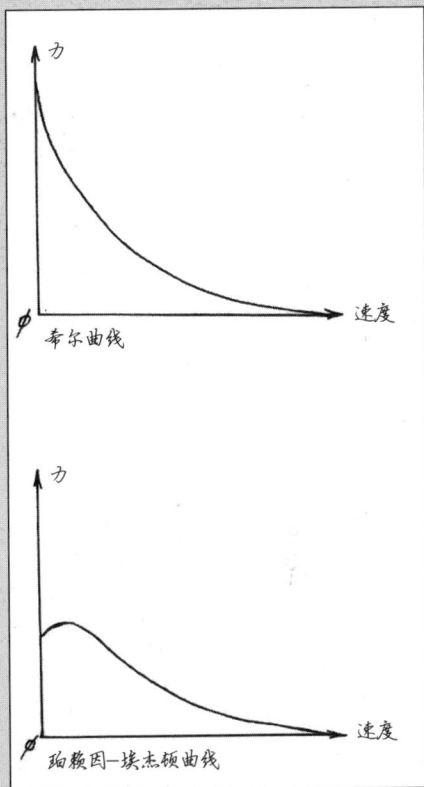

希尔曲线

珀赖因–埃杰顿曲线

注意不要将斯莫洛夫的结论应用于硬拉之外的其他力量练习。已故的梅尔·西夫（Mel Siff）博士严厉警告说："希尔曲线和珀赖因-埃杰顿（Perrine-Edgerton）曲线不适用于存在强力牵张反射或涉及储存的弹性势能释放的练习。"令人难以置信的是，休·卡西迪（Hugh Cassidy）穿着T恤、停顿2秒后完成令人惊叹的570磅（258.5千克）卧推时，他使用的就是从快速硬拉中获得的技术。此外，现代举重者在一个允许一触即发式卧推和配备各种装备的赛事中竞争时，可以从爆发式动作中大大获益。即使是俯冲式硬拉启动或激烈摇摆的硬拉启动也可能会不符合希尔曲线。

2.F=ma

力等于质量乘以加速度。感谢路易·西蒙斯，任何举重运动员都可以背得出牛顿的公式。该公式清楚地表明，你可以通过更大的加速度发挥出更强的力量。现在我们分析一下，加速度是什么？它是速度的变化率。（不要将加速度与速度混淆！）如果你从启动开始时就一直以尽可能快的速度移动，你将被迫在黏滞点放慢速度，因为这里是最不利于发挥最大力量的杠杆位置。这种减速会迅速耗尽你原本已经很低的力量输出，这是牛顿定律决定的。俄罗斯的举重教材一直强调，应该缓慢地从地面上拉起杠铃，而不是猛拉——这是奥林匹克举重的风格。这样有利于你在需要为杠铃施加更大力量时，使杠铃获得更大的加速度。

有趣的是，根据托马斯·麦克劳克林（Thomas McLaughlin）博士的说法，这就是最优秀的卧推运动员在准备开始训练前和小重量训练日经常做的事情。托马斯博士研究了当时最优秀的卧推运动员——卡茨迈尔（Kazmaier）、高格勒（Gaugler）、帕西菲科（Pacifico）和布里奇斯（Bridges）的技术，并将其与失败者的技术进行了比较。当时很著名的一本书——《卧推更大重量：生物力学与训练方法的突破》（*Bench Press More Now: Breakthroughs in Biomechanics and Training Methods*）中报道了他的发现。里基·戴尔·克雷恩曾经说服麦克劳克林重印这本书。

麦克劳克林博士本人就是一名伟大的卧推运动员，他知道，精英举重运动员在整个举重过程中，向杠铃杆施加的力量要比技术不够娴熟的举重运动员更为平稳。后者会在启动时爆发出很强的力量，然后在黏滞点时会卡壳，无力回天。例如，迈克·布里奇斯1979年创造的卧推世界纪录是446磅（202.3千克），考虑到当时缺乏护具、装备之类的东西，你不敢嘲笑这个重量！相比1年前卧推386磅（175.1千克）时，迈克将杠铃推离胸部的速度慢了很多。在创造世界纪录时，迈克的杠铃在黏滞点之前的加速度峰值约为0.4米/秒²。相比之下，他1年前的这个值为1.7米/秒²，差异超过了300%！此外，在创造卧推世界纪录时，杠铃在通过黏滞点时的加速度降至-0.1米/秒²，而在1年前的卧推中，这个值更是低至-1.1米/秒²，两者的差异达到了1000%！

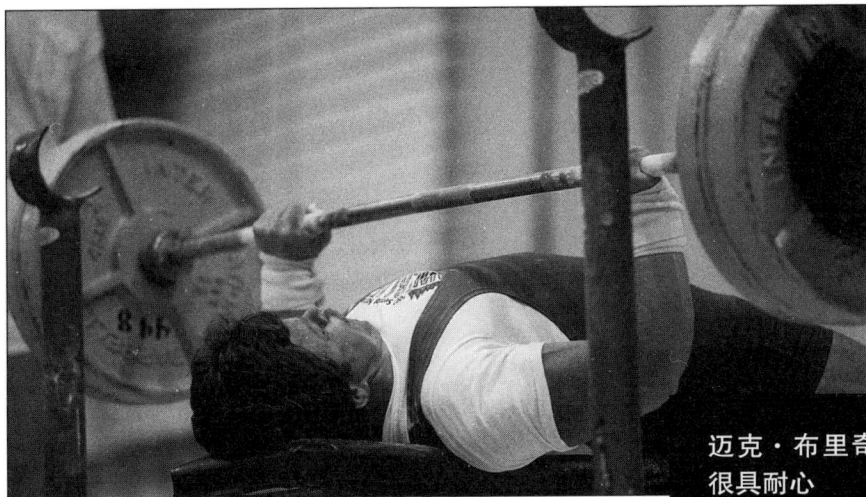

迈克·布里奇斯的发力
很具耐心
照片由《美国力量举重》杂志
友情提供

丹·约翰要说的话

"本节内容不仅适用于举重，也适用于投掷项目。脚跟的作用很重要。让你的大脑想象重量压在脚跟上或脚跟后，'扭动你的脚趾'，但物理原理和杠铃的重量会使你的双脚平贴地面，想象用脚跟挤碎地面有助于启动。你要不断磨炼这种技术。

这允许你处在任何人体能够做出的姿势中，杠杆作用和牵张反射都会立即启动，并且杠铃杆也会到达正确的位置。"

"我的教练，已故的拉尔夫·莫恩（Ralph Maughan）告诉我们，投掷技术的关键是'不断加速'。任何人都可以快速启动，但在快速启动后的加速很少具有爆发力。从磨炼'抬脚'技术开始，形成动作模式，你就可以在正确的时间将器械移动到位。

这一点很难教，因为初学者都希望在启动时产生最大速度，然后借助惯性坚持到终点。顺便说一句，由于初学者使用的重量很小，可以轻松举过头顶，使用这种方法可以很快获得进步，所以这种方法往往是其首选。这就是为什么很多人喜欢前几个月的训练，但是只有当挫折出现时，成功才会到来。在因为技术不够好经历一次又一次的失败后，运动员往往会放弃。努力锤炼技术，在正确的时机做出正确的动作，持续向着目标前进，才是正确的道路。"

"这就是为什么许多人喜欢'浅尝'最初成功举重的短暂喜悦，然后转向了5千米跑、自行车比赛等其他运动。只有当你决定付出足够的耐心，花时间磨炼举重／投掷技术时，成功才会到来。"

稳定创造奇迹。

虽然麦克劳克林博士的结论不适用于21世纪的卧推——一触即离式的快速卧推，但我相信，它们仍能增加硬拉的重量，因为硬拉从装备护具和牵张反射中的获益有限。我根据麦克劳克林博士的观点做了一个陈述，并得到了他的认可。

关键在于，没有必要时不要加速，在必要时才可以加速。根据麦克劳克林博士的说法，精英卧推运动员的过人之处在于，他们是在黏滞点上比普通人更强大，在普通人最擅长发力的点上，二者的差距没有那么明显。也就是说，多数精英卧推运动员的力量曲线，或者其在动作幅度内的不同点上的力量分布，整体是平缓的。至少在无装备力量举中，薄弱点的强力是举起更大重量的关键。一个精英运动员举起最大重量时的特点是：用力相对平稳，加速度和速度较低。

必须指出的是，尽管加速度较低，但它仍然是正值，换句话说，杠铃在朝向锁定位置运动时仍处于略微加速的状态。谢科强调："杠铃必须平稳从容地离开地面，但之后它应该以恒定的加速度运动。"俄罗斯国家队主教练斯莫洛夫认为，在杠铃杆到达膝盖高度时，杠铃的速度至少要达到0.1米/秒。

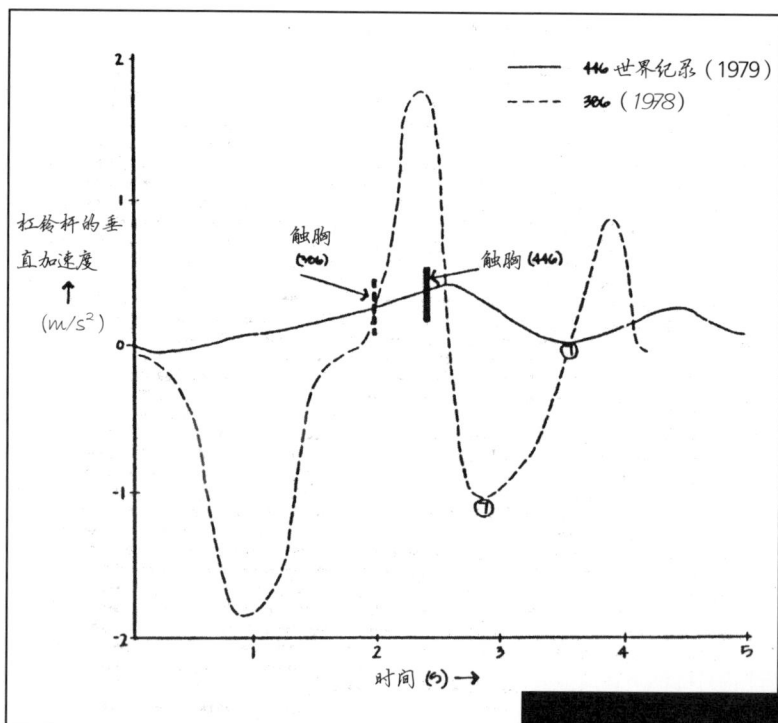

1984 年的曲线版权属于托马斯·麦克劳克林博士，经许可使用

安迪·博尔顿（Andy Bolton）拉起 1003 磅（455.0 千克）的爆发式案例很有说服力

结束对牛顿公式的讨论，我必须澄清一个可能的误解。俄罗斯人并没有通过降低加速度来削减力量，他们通过降低加速度举起了更大的重量。谢科重新释义了斯莫洛夫的话："举起杠铃的速度越慢，能举起的重量就越大。"F=ma。如果力的数值等于4，那你可以通过多种不同的方式得到它：8×0.5、4×1、2×2、1×4等。第一种方式显然更为可取，因为在力量举比赛中，你不会因为更快地举起较小的重量而得分。

3.迪库尔

观看瓦伦丁·迪库尔如何完成1014磅（459.9千克）的硬拉并锁定：http://rifsblog.blogspot.com/2007/06/valantin-dikul.html。

对立观点

对立观点很多而且很中肯。力量输出会在2秒内开始下降；借助出众的启动力量和速度是有可能通过黏滞点的；爆发式的动作可以减少你的消耗，为随后的试

举保留更多的能量，等等。然后是安迪·博尔顿、贝内迪克特·马格努森（Benedikt Magnusson）和康斯坦丁·康斯坦丁诺夫这些活生生的例子。

没有底线

爆发式硬拉或慢速硬拉哪种更好的争论类似于相扑式硬拉和传统式硬拉哪种更好的争论。双方都可以提供许多令人信服的科学依据和伪科学论据，而且两者都有比赛案例作为证据。这意味着，正确的答案会因人而异，并且无法绕过反复试验和试错。有太多的变量需要追踪，包括已知的和未知的。如果你选择慢速硬拉，这里介绍的方法就可以。

如何磨炼硬拉

- 与保持快速的心理设定不同，硬拉需要做好保持稳定、不懈努力的心理准备。
- 预先绷紧身体并加压。
- 抓紧杠铃杆，把杠铃拉离地面，不要猛拉。
- "在整个举重过程中始终保持最大力量，有力地、稳定地拉起杠铃。"（斯莫洛夫）
- 目标是保持恒定的、较低的加速度上拉杠铃，直到锁定位置。

    硬拉大重量的方法不止一种。